DIE BIBEL FÜR HAUSGEMACHTE BURGER

100 Rezepte aus den besten Fast-Food-Restaurants der Welt für knusprige, leckere Burger

VOLKER MAIER

© COPYRIGHT 2021 ALLE RECHTE VORBEHALTEN

Dieses Dokument ist darauf ausgerichtet, genaue und zuverlässige Informationen zum behandelten Thema und Problem zu geben. Der Verkauf der Publikation erfolgt mit dem Gedanken, dass der Verlag keine buchhalterischen, behördlich zugelassenen oder anderweitig qualifizierten Leistungen erbringen muss. Wenn eine rechtliche oder berufliche Beratung erforderlich ist, sollte eine im Beruf praktizierte Person bestellt werden. Es ist in keiner Weise legal, Teile dieses Dokuments in elektronischer oder gedruckter Form zu reproduzieren, zu vervielfältigen oder zu übertragen. Das Aufzeichnen dieser Veröffentlichung ist strengstens untersagt und die Speicherung dieses Dokuments ist ohne schriftliche Genehmigung des Herausgebers nicht gestattet. Alle Rechte vorbehalten.

Warnung Haftungsausschluss, Die Informationen in diesem Buch sind nach unserem besten Wissen wahr und vollständig. Alle Empfehlungen erfolgen ohne Gewähr seitens des Autors oder des StoryVerlags. Der Autor und der Herausgeber lehnen jegliche Haftung im Zusammenhang mit der Verwendung dieser Informationen ab

Inhaltsverzeichnis

EINLEITUNG 8
HAUPTKURS 8
1. Burger mit Speck und Avocado 9
2. Burger italienisch 11
3. Amarant-Burger 13
4. Lammkotelett-Burger 14
5. Hamburger-Pastetchen-Rezept 16
6. Frühlingsburger à la Sauerland BBCrew 18
7. Griechischer Burger 21
8. Steakburger Deluxe 22
9. Pulled-Beef-Burger 25
10. Frühstücksburger 26
11. Chili-Bacon-Marmelade-Burger 29
12. Oktoberfest-Burger 31
13. Wurstburger 34
14. Double Beef Burger 36
15. Chili-Cheeseburger 39

VEGETARISCHE REZEPTE 40
16. Burgerbrötchen 41
17. Knuspriger Nuss-Burger 43
18. Vegetarischer Burger mit Käferbohnen 46
19. Gemüseburger 48
20. Kastanienburger 50
21. Vitaminburger 53
22. Burgerbrötchen 55
23. Vegetarische Burger 57
24. Vegetarischer Burger mit Käferbohnen 59
25. Wurzelgemüseburger mit Käse 61
26. Falafel-Burger 64
27. Kokos-Burger mit Banane 65
28. Schlampiger Burger mit Chili Pommes 69
29. Buchweizenburger mit Karotten und Walnüssen . 72
30. Chickenburger mit Erdbeeren 74
31. Ziegenkäse-Dattel-Burger 76
32. Lammburger mit Ziegencamembert und Granatapfel 79
33. Halloumi-Burger mit Grillgemüse und Tabbouleh . 81
34. Falafelburger mit Minzjoghurt und Babygurke ... 85
35. Lammburger mit Ratatouille und Blauschimmelkäse 88

36. Wildschweinburger 91

37. Surf and Turf Burger 94

38. Pulled Turkey Burger... 97

39. Gratinierter Burger auf Vollkorntoast 100

40. Waffelburger mit Hühnchen 102

41. Burgerbrötchen mit Hanfmehl............................. 104

42. Thunfisch-Burger... 106

43. Speckburger 108

44. Sommerburger 110

45. Grüner Dinkel-Schildkröten-Burger.................... 112

VEGGIE BURGER 113

46. Sushi-Burger.. 114

47. Burger mit Käse und Speck 117

48. Grüner Dinkel-Burger... 119

49. Bohnen-Kichererbsen-Burger............................... 122

50. Burger mit Pilzen, Käse, Sellerie und Apfel........ 124

51. Tofu-Polenta-Burger... 126

52. Quinoa-Gemüse-Burger 128

53. Tofu-Burger 130

54. Burger in Tomatensauce....................................... 132

56. Kichererbsenburger vom Grill 135

57. Cheeseburger mit Gemüse................................... 138

58. Veganer Burger mit Kichererbsen-Patty 139

59. Pilz-Zwiebel-Burger mit Salat 141

60. Linsenburger 144

61. Sojaburger 146

62. Bohnen-, Pfeffer- und Kartoffelburger 149

63. Käse- und Kartoffelburger 152

64. Steakburger mit Rotkohl 155

65. Käse- und Pita-Burger 157

66. Burger mit Avocado, Käse und roter Beete 159

67. Pilzburger 161

68. Burger mit Fladenbrot und Gemüse 164

69. Indischer Burger 167

70. Burger mit Tomaten und Oliven 169

REZEPTE FÜR EINEN PERFEKTEN SNACK 171

71. Funktioneller Hamburger 171

72. Fit Chicken Burger mit Haferflocken 173

73. Schweinefleischburger mit Gurkenrelish 175

74. Beef Burger mit Quinoa 178

75. Krabbenburger 180

76. Hamburger mit Doritos 183

77. Vegetarische Burger 185

78. Grillburger mit Zwiebelringen 186

79. Hausgemachtes Hühnchen-Burger-Rezept 189

80. Vegetarischer Burger mit Käferbohnen 176 191

81. Hausgemachter Hamburger 193

82. Kürbisburger 196

83. Bohnenburger 199

84. Burgerbrötchen mit Hanfmehl 201

85. Thunfisch-Burger 203

86. Speckburger 206

87. Shimeji-Burger 208

88. Kokos-Burger mit Banane 211

89. Hamburger in Falafel 214

90. Glutenfreier Reis- und Karottenburger 216

91. Karotten-Sesam-Burger mit Avocado 219

92. Haferflocken-Burger mit Roter Bete und Walnüssen 222

93. Puten-Gurken-Burger 225

94. Hamburger Klassiker 227

95. Mediterraner Snack-Burger 228

96. Hähnchenburger mit Knoblauchmayonnaise 230

97. Steakburger Deluxe 233

98. Falafel-Burger 236

99. Käse- und Pita-Burger 238

100. Halloumi-Burger 240
FAZIT 242

EINLEITUNG

Hamburger sind eines der am einfachsten zuzubereitenden Gerichte sowie eines der am schnellsten und bequemsten zu konsumieren, weshalb sie eine so große Fangemeinde haben! Durch Variieren der Gewürze und Zutaten im Sandwich können Sie eine Vielzahl verschiedener Hamburger zubereiten. Wir können neben den verschiedenen Gewürzen auch verschiedene Fleischsorten verwenden, um die Hamburger herzustellen, wie Geflügel, Rind, Schwein und sogar vegetarische Hamburger. In diesem Buch finden Sie eine Vielzahl von Hamburger-Rezepten, die Ihnen das Wasser im Mund zusammenlaufen lassen!

HAUPTKURS

1. Burger mit Speck und Avocado

Zutaten
- 400 g Rinderhackfleisch (mager)
- Salz
- Pfeffer
- 2 Tomaten
- 1 Zwiebel (klein, rot)
- 1 Avocado (reif)
- 2 EL Original Mayonnaise (80% Fett)
- 1/2 Limette (Saft und Schale)
- 4 Scheibe(n) Speck (mager)
- 4 Burgerbrötchen

Vorbereitung
2. Für den Burger mit Speck und Avocado zuerst das Hackfleisch in eine Schüssel geben, mit Salz und Pfeffer würzen und gut vermischen. Vier Frikadellen formen.
3. Tomaten und Zwiebeln in Scheiben und Ringe schneiden.
4. Avocado halbieren, den Stein entfernen, das Fruchtfleisch aushöhlen und in gleich große Würfel schneiden.
5. Avocado mit Mayonnaise, Limettenschale, Limettensaft und Pfeffer würzen und gut vermischen.
6. Die Burger 3-4 Minuten auf jeder Seite oder nach Geschmack grillen. Dann nimm es herunter und halte es warm. Anschließend den Speck von beiden Seiten 1 Minute knusprig braten. Die Rollen aufschneiden und die Schnittflächen leicht anrösten
7. Die untere Hälfte mit den Burgern, Tomaten und Zwiebeln belegen, dann die AvocadoMayonnaise hinzufügen, mit dem knusprigen Speck abschließen und die zweite Hälfte mit Speck und Avocado auf den Burger legen.

2. Burger italienisch

Zutaten
- 500 g Rinderhackfleisch (mager)
- 2 EL Petersilie (gehackt)
- 1 EL Thymian (gehackt)
- 1 EL Rosmarin (gehackt)
- 2 EL Basilikum (frisch)
- 10 Oliven (schwarz)
- Pfeffer
- Salz
- 4 EL Original Mayonnaise (80% Fett)
- 4 Ciabatta-Röllchen (halbiert und auf den Schnittflächen leicht angeröstet)
- 1 Zwiebel (klein, rot, in Ringe geschnitten)
- 70 g Rucola

Vorbereitung
1. Für den italienischen Burger zuerst die Kräuter mit dem Fleisch in einer großen Schüssel mischen, mit Salz und Pfeffer würzen. Zu vier Patties formen. Oliven und Basilikum hacken.
2. Die Burger von beiden Seiten 3-4 Minuten grillen.
3. In der Zwischenzeit Mayonnaise mit den gehackten Oliven und Basilikum mischen. Mit etwas Pfeffer würzen.
4. Burger auf die Unterseite der gerösteten Ciabatta-Röllchen legen, mit einem Löffel Oliven-Mayonnaise, roten Zwiebelringen und Rucola bedecken, 2. Brötchenhälfte auf den Burger legen.

3. Amarant-Burger

Zutaten

Für den Burger:
- 1 Pkg. Iglo Amarant-Laibchen
- 1 Burger-Brötchen
- 2 Scheibe(n) Tomaten
- 4 Gurkenscheibe(n)
- 1 Blatt Salat
- Für die Sauerrahm-Chilisauce:
- 2 EL Sauerrahm
- Süße Chilisauce
- Sojasauce
- Salz

Vorbereitung
1. Für den Amaranth Burger die Amaranth Patties nach Anleitung auf der Verpackung zubereiten und warm halten.
2. Das Burgerbrötchen halbieren und in einer heißen Pfanne von beiden Seiten anbraten.
3. In der Zwischenzeit Salat, Tomaten und Gurke waschen, in Scheiben schneiden und die Sauerrahm-Chilisauce zubereiten.
4. Die Zutaten miteinander vermischen und nach Geschmack würzen.
5. Für den Amaranth-Burger die gebratenen Burgerhälften innen mit der Sauce bestreichen und mit Salat, AmaranthPatties, Tomaten- und Gurkenscheiben belegen.

4. Lammkotelett-Burger

Zutaten
- Pita dünn klein - 8 Stk. (je 30 g)
- Gehacktes Hammelfleisch - 450 g
- Feta-Käse (zerbröckelt) - 0,25 Tassen ☐ Gemahlener Kreuzkümmel - 0,25 TL.
- Gemahlener schwarzer Pfeffer - 0,25 TL.
- Pflanzenöl
- Rote Zwiebel (Ringe) zum Servieren (optional)
- Alfalfasprossen zum Servieren (optional), Gurken (Scheiben) zum Servieren (optional) Für die Soße:
- Gefrorene grüne Erbsen (aufgetaut) - 2 Tassen
- Knoblauch - 2 Nelken
- Frische Minze, Blätter - 0,5 Tassen ☐ Olivenöl - 1,5 TL.
- Wasser - 1 TL, Salz - 0,25 TL

Vorbereitung
1. Alle Zutaten für die Sauce in die Schüssel einer Küchenmaschine geben und glatt mahlen. Die Soße beiseite stellen. Schalten Sie den Grill ein, um auf mittlere bis hohe Temperatur vorzuheizen.

2. In einer großen Schüssel Hackfleisch, Käse, Kreuzkümmel und schwarzen Pfeffer mischen. Das Hackfleisch in 4 Teile teilen, aus jedem ein rundes Schnitzel formen.
3. Den Grillrost mit Pflanzenöl einfetten, die Koteletts darauf legen und von jeder Seite ca. 6 Minuten braten. Die Schnitzel auf einen Teller geben und 5 Minuten ruhen lassen.
4. Jedes Schnitzel längs halbieren. Und jeden Pita-Kuchen der Länge nach halbieren, aber nicht bis zum Ende. In der Mitte jeder Grube 1 EL auftragen. Löffel Soße, ein Schnitzel und eine Auswahl an Zwiebeln / Sprossen / Gurken darauf legen.
5. Burger sofort servieren.

5. Hamburger-Pastetchen-Rezept

Zutaten

- 800 Gramm Rinderbrust (Fettverhältnis)
- 80 Gramm Brühe
- 10 Gramm fein gemahlenes Salz
- 10 Gramm frisch gemahlener schwarzer Pfeffer

Vorbereitung

1. Um köstliche Hamburger-Frikadellen zuzubereiten, die saftig bleiben; Zwanzig Prozent des Gewichts des Brustfleisches durch Zugabe von Öl nach dem Einziehen in Hackfleisch.
2. Kneten Sie das Hackfleisch, das Sie mit der vorbereiteten Brühe und der gemahlenen Salz-/Pfeffer-Mischung vermischen, und kneten Sie eine kleine Menge in die

Hamburger-Patties. Zum Ausruhen in den Kühlschrank heben.

3. Die Hamburger-Patties, die du mit dem Daumen auf den Mittelteil drückst, je nach gewünschtem Gargrad auf dem Grill braten.
4. Wenn Sie einen echten hausgemachten Burger zubereiten möchten, erhitzen Sie die Brote auf dem Grill. Auf den gegrillten Frikadellen nach Belieben eine Scheibe Käse schmelzen. Bereiten Sie den Hamburger mit einer Vielzahl von Saucen, Gurken und Gemüse servierfertig zu. Teilen Sie die Wärme mit Ihren Lieben.

6. Frühlingsburger à la Sauerland BBCrew

Zutaten
- 600 g Rinderhackfleisch (für zwei Burger)
- 8 Scheiben Cheddar-Käse (oder anderer scharfer Käse)
- 1 Tomate
- 6 Scheiben Speck
- Zwiebeln
- Salat
- Rakete
- Salz Pfeffer
- Burgerbrötchen (evtl. Toast oder Brot für die Zwischenportion)
- Chipotle-Sauce

Vorbereitung
1. Zuerst würzt ihr das Hackfleisch mit Salz/Pfeffer und vermischt es gut. Aus dem Hackfleisch werden dann 150 g Frikadellen geformt. Das geht am besten mit einer Burgerpresse. Die Chipotle-Sauce wird ebenfalls im Voraus zubereitet. *Grillen*
2. Der Grill ist für das direkte Grillen bei 200 - 230 °C vorbereitet. Die Burger Patties werden zuerst 3-4 Minuten einseitig gegrillt, dann werden sie gewendet. Der Käse wird nun auf die bereits gegrillte Seite gelegt, damit er schön fließen kann. In der

Zwischenzeit das Zwischenbrötchen von beiden Seiten grillen, damit es schön knusprig wird, ebenso den Speck. Nach weiteren 3-4 Minuten sind die Burger Patties fertig.

3. Dann wird der Burger belegt: Der untere Teil des Brötchens wird zuerst mit der Chipotle-Sauce bestrichen und das erste Brötchen wird darauf gepflanzt. Dies wird mit 2 Tomatenscheiben und etwas grünem Salat belegt. Jetzt kommt der Zwischenteil, dazu nimmst du ein halbes Brötchen (oder auch Toast oder Brot ist möglich). Diese wird dann mit der Chipotle-Sauce überzogen. Den zweiten Pattie darauf legen, dann den Speck, ein paar Zwiebeln und etwas Rucola.

Die obere Brötchenhälfte wird mit der Sauce überzogen und fertig ist der Double Beef Burger - saftiges, würziges Fleisch, knuspriger Speck und eine scharfe Sauce!

7. Griechischer Burger

Zutaten

- 150 g Hackfleisch
- Feta Käse
- Zwiebel (rot)
- Peperoni
- Oliven
- 1 EL Gyros Rub
- Sirtaki
- Burgerbrötchen
- Tsatsiki

Vorbereitung

1. Zuerst mischst du das Rinderhackfleisch mit dem Gyros-Rub (1 EL pro Patty). Das Hackfleisch wird gut durchgeknetet, damit

sich das Gewürz gleichmäßig verteilt. Daraus werden dann 150 Gramm Patties geformt, was am besten mit einer Burgerpresse gelingt. *Grillen*

2. Der Grill ist für das direkte Grillen bei 200 - 230 °C vorbereitet. Die Burger Patties werden zuerst 4 - 5 Minuten auf einer Seite gegrillt, dann werden sie gewendet. Nach weiteren 4 - 5 Minuten sind die Burger Patties fertig. Dann wird das Brötchen belegt: Zuerst Tsatsiki auf der unteren Brötchenhälfte verteilen und mit Salat belegen. Dann den Pattie darauf legen, nochmals mit Tzatziki bestreichen und den Burger mit ein paar Würfeln Fetakäse, Peperoni, Zwiebeln und Oliven komplettieren – fertig ist der griechische Burger!

8. Steakburger Deluxe

Zutaten
- 1 Porterhouse-Steak (ca. 1 kg)
- Meersalz, grob
- Hamburgerbrötchen
- 4 EL Mayonnaise
- frischer Rosmarin
- Eingelegte Radieschen

Für die Balsamico-Zwiebeln:
- 2 Zwiebeln
- 2 EL Öl
- 5 EL Balsamico-Essig
- 1 EL Zucker, braun
- 1 TL Paprikapulver
- Salz Pfeffer

Vorbereitung

1. Das Steak wird 30 Minuten vor dem Grillen beidseitig mit Salz bestreut. Eine RosmarinMayonnaise mit der Mayonnaise, dem frischen Rosmarin (1 Teelöffel gehackt) und einer Prise Pfeffer mischen. *Grillen*
2. Der Grill ist für direktes und indirektes Grillen vorbereitet. Das Steak wird zunächst beidseitig je 3 Minuten bei starker, direkter Hitze gegrillt. Sobald wir dem Fleisch eine schöne Kruste gegeben haben, wandert es

auf die indirekte Seite, wo wir es auf den gewünschten Gargrad ziehen.

3. In der Zwischenzeit werden die BalsamicoZwiebeln zubereitet. Das Öl wird in einer Pfanne erhitzt, dann kommen die Zwiebeln hinzu. Die Zwiebeln werden mit Pfeffer, Salz, Paprikapulver und Zucker gewürzt. Sobald die Zwiebeln glasig werden, gießen Sie den Balsamico-Essig in die Pfanne und braten Sie ihn auf kleiner Flamme weiter, bis der Balsamico-Essig von den Zwiebeln aufgenommen wurde.

4. Hat das Fleisch seine Zieltemperatur erreicht – hier waren es im Kern 55 °C – wird es in Scheiben geschnitten und schonend gepfeffert und gesalzen. Die untere Brötchenhälfte wird mit der Rosmarin-Mayonnaise, dem Fleisch, den BalsamicoZwiebeln und dem in Scheiben geschnittenen Radieschen werden darauf gelegt - fertig!

9. Pulled-Beef-Burger

Zutaten
- Pulled Beef
- Burgerbrötchen
- Speck Pflaumenmarmelade
- BBQ Sauce, hier: BBQ King BBQ Sauce (auf Pflaumenbasis)
- Pflaumen

Vorbereitung
1. Zuerst 2 - 3 Esslöffel der Marmelade auf der unteren Brötchenhälfte verteilen. Darauf kommt eine gute Portion (ca. 100 - 120 g) Pulled Beef. Das Topping des Burgers besteht aus etwas BBQ-Sauce und 2-3 dünn geschnittenenPflaumenscheiben.

10. Frühstücksburger

Zutaten (für zwei Burger)
- 300 g Hackfleisch
- Salz Pfeffer
- 6 Scheiben Speck
- 1 Tomate
- 2 Eier
- 2 Scheiben Käse (zB Cheddar)
- Pilze
- wenig Öl zum Braten
- Rakete
- 2 Burgerbrötchen
- BBQ-Sauce (zB Barrel 51 Smoky Bourbon)

Vorbereitung
1. Zuerst das Hackfleisch mit Salz und Pfeffer würzen und gut vermischen. Aus dem Hackfleisch werden dann 150 Gramm Patties geformt, was am besten mit einer Burgerpresse gelingt. Die Tomate wird in 4 - 5 mm dicke Scheiben geschnitten, die Champignons in 2 - 3 mm dicke Scheiben.

Grillen
2. Der Grill ist für direktes und indirektes Grillen bei 200 - 230 °C vorbereitet. Die Tomaten werden beidseitig 2 Minuten bei direkter Hitze gegrillt. Der Speck wird gebraten, bis er goldbraun ist. Das Öl wird in einer Pfanne erhitzt und die Pilze darin gebraten. Wenn die Champignons schön weich gebraten sind, legst du sie in eine ofenfeste Form und legst sie auf die indirekte Seite des Grills. Das Spiegelei wird nun in der Pfanne gebraten.
3. Die Burger Patties werden zuerst 3 - 4 Minuten auf einer Seite gegrillt, dann werden sie gewendet. Der Käse wird nun auf die bereits gegrillte Seite gelegt, damit er schön fließen kann. Nach weiteren 3-4 Minuten sind die Burger Patties fertig.

4. Die untere Brötchenhälfte wird zuerst dünn mit BBQ-Sauce bestrichen, dann mit Rucola und den gegrillten Tomaten belegt. Das mit Käse überbackene Patty wird darauf gelegt. Es folgen Speck, die gebratenen Champignons und nicht zuletzt das Spiegelei. Fertig ist der Frühstücksburger!

11. Chili-Bacon-Marmelade-Burger

Zutaten (für zwei Burger)
- 300 g Hackfleisch ☐ Salz Pfeffer
- Käse (zB Cheddar)
- Salat
- Rakete
- Chili-Speck-Marmelade
- Burgerbrötchen

Für die Cocktailsauce
- 3 EL Mayonnaise
- 1 EL Tomatenmark
- 1 EL BBQ-Sauce
- 1 Schuss Balsamico-Essig
- 1 Prise Salz, Pfeffer & Zucker

Vorbereitung
1. Zuerst das Hackfleisch mit Salz und Pfeffer würzen und gut vermischen. Aus dem Hackfleisch werden dann 150 Gramm Patties geformt, was am besten mit einer Burgerpresse gelingt. *Grillen*
2. Der Grill ist für das direkte Grillen bei 200 - 230 °C vorbereitet. Die Burger Patties werden zuerst 4 - 5 Minuten auf einer Seite gegrillt, dann werden sie gewendet. Der Käse wird nun auf die bereits gegrillte Seite gelegt, damit er schön fließen kann. Nach weiteren 4 - 5 Minuten sind die Burger Patties fertig.
3. Der untere Teil des Brötchens wird mit der Cocktailsauce überzogen. Darauf werden Salat und Rucola gelegt. Darauf folgt das mit Käse überbackene Patty, auf dem Sie die Chili-Speck-Marmelade verteilen. Der Deckel ist aufgesetzt - fertig ist der ChiliMarmeladen-Burger!

12. Oktoberfest-Burger

Zutaten (für zwei Burger)
- 300 g Hackfleisch
- Salz Pfeffer
- Zwiebel
- Salat
- Snyders Brezelstücke
- Radieschen 2 Brezelbrötchen

Für den Obazda
- 100 g Camembert (45% Fett in)
- 2 Esslöffel Butter
- ½ fein gehackte Zwiebel
- ½ Teelöffel zerstoßener Kümmel
- Salz Pfeffer
- Paprikapulver

- 1 Teelöffel Bier

Vorbereitung

1. Zuerst das Hackfleisch mit Salz und Pfeffer würzen und gut vermischen. Aus dem Hackfleisch werden dann 150 Gramm Patties geformt, was am besten mit einer Burgerpresse gelingt.
2. Für den Obazda zuerst den Camembert mit einer Gabel zerdrücken und mit der Butter vermischen, bis eine leicht krümelige Masse entsteht. Diese Masse wird mit der gehackten Zwiebel, Kümmel, Salz, Pfeffer, Paprikapulver und dem Bier vermischt. Der Obazda wird bis zum Verzehr in der Kälte aufbewahrt. *Grillen*
1. Der Grill ist für das direkte Grillen bei 200 - 230 °C vorbereitet. Die Burger Patties werden zuerst 4 - 5 Minuten auf einer Seite gegrillt, dann werden sie gewendet. Nun die gegrillte Seite mit 1 EL Obazda bestreichen, sodass sie über die Patties läuft. Nach weiteren 4 - 5 Minuten sind die Burger Patties fertig.
2. Dann wird das Brezelbrötchen belegt: Zuerst etwas Obazda auf das untere Brötchen streichen und mit Salat belegen. Dann legst du das Patty auf die Rolle, gefolgt

von den fein geschnittenen Rettichscheiben und den Zwiebelringen. Abgerundet wird das Ganze von den
Brezelstücken – Deckel drauf und fertig ist der Oktoberfest-Burger!

13. Wurstburger

Zutaten (für 1 Burger)
- Frische Salsiccia-Wurst (ca. 1 ½ pro Burger)
- Kräuter Ziege Camembert
- 1-2 Teelöffel Preiselbeeren
- Chorizo Marmelade
- Rotwein Zwiebeln
- Burgerbrötchen
- Grillsoße
- 1 Schnapsglas Whisky (zum Flambieren)

Vorbereitung
1. Zuerst entfernst du das Brät aus dem Darm. Dazu schneidet man den Darm der Länge

nach mit einem Messer auf und zieht ihn ab. Das Brät wird noch einmal ordentlich geknetet und dann zu Frikadellen geformt.
Das geht am besten mit einer Burgerpresse.

Grillen

2. Der Grill wird für direkte Hitze vorbereitet. Die Burger werden von beiden Seiten ca. 3 Minuten gegrillt. Nach dem Wenden wird der Burger mit einem halben Schnapsglas Whisky flambiert.

3. Sobald die Flammen erloschen sind, wird der Burger in den indirekten Bereich gelegt, mit Cranberries und Camembert belegt und weitere 2-3 Minuten gebacken.

4. In der Zwischenzeit wird das Burgerbrötchen im Ofen oder Grill erhitzt und einseitig mit der Chorizo bestrichen Marmelade. Dann kommt das Patty mit den Preiselbeeren und dem Camembert. Zum Schluss ein paar Rotweinzwiebeln und etwas BBQ-Sauce über den Burger geben.

14. Double Beef Burger

Zutaten
- 600 g Rinderhackfleisch (für zwei Burger)
- 8 Scheiben Cheddar-Käse (oder anderer scharfer Käse)
- 1 Tomate
- 6 Scheiben Speck
- Zwiebeln
- Salat
- Rakete
- Salz Pfeffer
- Burgerbrötchen (evtl. Toast oder Brot für die Zwischenportion)
- Chipotle-Sauce

Vorbereitung
1. Zuerst würzt ihr das Hackfleisch mit

Salz/Pfeffer und vermischt es gut. Aus dem Hackfleisch werden dann 150 g Frikadellen geformt. Das geht am besten mit einer Burgerpresse. Die Chipotle-Sauce wird ebenfalls im Voraus zubereitet. *Grillen*

2. Der Grill ist für das direkte Grillen bei 200 - 230 °C vorbereitet. Die Burger Patties werden zuerst 3-4 Minuten einseitig gegrillt, dann werden sie gewendet. Der Käse wird nun auf die bereits gegrillte Seite gelegt, damit er schön fließen kann. In der Zwischenzeit das Zwischenbrötchen von beiden Seiten grillen, damit es schön knusprig wird, ebenso den Speck. Nach weiteren 3-4 Minuten sind die Burger Patties fertig.

3. Dann wird der Burger belegt: Der untere Teil des Brötchens wird zuerst mit der Chipotle-Sauce bestrichen und das erste Brötchen wird darauf gepflanzt. Dies wird mit 2 Tomatenscheiben und etwas grünem Salat belegt. Jetzt kommt der Zwischenteil, dazu nimmst du ein halbes Brötchen (oder auch Toast oder Brot ist möglich). Diese wird dann mit der Chipotle-Sauce überzogen. Den zweiten Pattie darauf legen, dann den Speck,

ein paar Zwiebeln und etwas Rucola. Die obere Brötchenhälfte wird mit der Sauce überzogen und fertig ist der Double Beef Burger - saftiges, würziges Fleisch, knuspriger Speck und eine scharfe Sauce!

15. Chili-Cheeseburger

Zutaten (für 2 Burger)
- 300 g Hackfleisch
- Salz Pfeffer
- Chili-Käse-Sauce
- 4 Tomatenscheiben
- Zwiebeln
- Salat
- 4 Streifen Speck
- BBQ-Sauce (zB West of Texas BBQ-Sauce)
- Burgerbrötchen

Vorbereitung
1. Zuerst das Hackfleisch mit Salz und Pfeffer würzen und gut vermischen. Aus dem Hackfleisch werden dann 150 Gramm Patties

geformt, was am besten mit einer Burgerpresse gelingt. Anschließend die ChiliKäse-Sauce nach Rezept mischen. *Grillen*

1. Der Grill ist für das direkte Grillen bei 200 - 230 °C vorbereitet. Die Burger Patties werden zuerst 4 - 5 Minuten auf einer Seite gegrillt, dann werden sie gewendet. Nach weiteren 4 - 5 Minuten sind die Burger Patties fertig. Während das Fleisch grillt, wird der Speck knusprig gegrillt.

2. Jetzt ist der Burger belegt: Zuerst etwas Chili-Cheese-Sauce auf dem unteren BurgerBrötchen verteilen und etwas BBQ-Sauce dazugeben - schön verteilen. Salatblatt und Patty darauf legen. Zwiebeln und 2 Tomatenscheiben werden auf das Patty gelegt und mit der Chili-Käse-Sauce beträufelt. Zum Schluss zwei Streifen des knusprigen Specks auf die Oberseite und den Deckel legen. Das Fleisch ist super saftig, passt gut zur Chili-Käse-Sauce und das hausgemachte Brötchen rundet das Geschmackserlebnis ab!

VEGETARISCHE REZEPTE

16. Burgerbrötchen

Zutaten
- 2 EL. Trockenhefe
- 230 ml Wasser (lauwarm)
- 80 ml Pflanzenöl (zB Olivenöl)
- 30 Gramm Zucker
- 1 Ei
- 1 Teelöffel Salz
- 450 g Weizenmehl
- Sesam (weiß, zum Bestreuen)
- 1 Eiweiß (oder etwas Wasser zum Bestreichen)

Vorbereitung
1. Backofen auf 220 °C vorheizen.

2. Hefe mit Wasser, Öl und Zucker mischen und 5 Minuten gehen lassen.
3. Ei, Salz und Mehl zugeben und zu einem glatten Teig verkneten. Den Teig zu einer Rolle formen und in 12 gleich große Stücke teilen. Jede Portion zu einer Kugel „mahlen": Die Teiglinge locker zwischen der hohlen Hand und der Arbeitsfläche drehen, bis der Teig eine glatte Oberfläche hat.
4. Den Teig nicht zu dicht auf ein mit Backpapier ausgelegtes Backblech legen, mit einem Küchentuch abdecken und 15 Minuten gehen lassen.
5. Burgerbrötchen mit etwas Eiweiß (oder Wasser) bestreichen und mit Sesam bestreuen.
6. 10–12 Minuten backen.

17. Knuspriger Nuss-Burger

Zutaten

- 250 g Nüsse (gemischt)
- 4 EL Zucker
- 3 EL Olivenöl
- 2 EL Honig
- 100 g Oliven (schwarz, entkernt)
- 2 Teelöffel Kapern
- 2 EL Zitronensaft
- 10 Trauben
- 4 Blätter Radicchio
- 100 g Camembert
- 4 Burgerbrötchen

Vorbereitung
1. Für den Crunchy Nut Burger zunächst die Nüsse grob hacken und bei mittlerer Hitze ohne Fett in einer beschichteten Pfanne rösten, bis sie duften.
2. Anschließend den Zucker in der Pfanne leicht karamellisieren lassen. Zuerst 1 EL Olivenöl dazugeben, dann den Honig dazugeben und mit den Nüssen unter das Karamell mischen. 1-2 Minuten bei mittlerer Hitze köcheln lassen, dabei gelegentlich umrühren, dann vom Herd nehmen, bevor das Karamell zu dunkel wird. Die Masse sofort auf ein mit Backpapier ausgelegtes Backblech legen, mit einem Spatel vier kompakte runde Frikadellen formen und auskühlen lassen.
3. Oliven, Kapern, Zitronensaft und restliches Olivenöl in eine Rührschüssel geben und pürieren. Weintrauben und Radicchio waschen und trocknen. Die Trauben nach Bedarf entkernen, dann der Länge nach halbieren. Camembert in Scheiben schneiden.
4. Die Brötchen halbieren und toasten. Die Rollenhälften dünn mit Olivenpaste bestreichen und den Radicchio auf die untere Hälfte legen. Die Trauben darauf

legen und mit dem Nuss-Patty belegen. Zum Schluss Camembert drauflegen. Den Käse mit einem Küchengasbrenner leicht bräunen und schmelzen lassen. Anschließend den knusprigen Nussburger mit der oberen Brötchenhälfte verschließen.

18. Vegetarischer Burger mit Käferbohnen

Zutaten
- 120 g Couscous
- 1/2 Zwiebel
- 1 Knoblauchzehe
- 150 g Käferbohnen (gekocht)
- 100 g Karotten
- 1 Ei
- 1 Teelöffel Petersilie
- 1 Teelöffel Schnittlauch
- 1 Spritzer Zitronensaft
- Salz
- Pfeffer (frisch gemahlen)
- Olivenöl

Beenden:
- 1 Fleischtomate
- 1 Handvoll Rakete
- 100 g Schafskäse
- Mayonnaise
- 4 Hamburgerbrötchen

Vorbereitung
1. Couscous mit der gleichen Menge kochendem Wasser bedecken. Abdecken und 10 Minuten einweichen lassen. Nach 5 Minuten mit einer Gabel auflockern.
2. Zwiebel und Knoblauch schälen und fein hacken. 1 EL Olivenöl in einer Pfanne erhitzen und die Zwiebeln goldbraun rösten. Knoblauch dazugeben und kurz anrösten.
3. Die Käferbohnen mit einer Gabel zerdrücken, die Möhren schälen und fein reiben. Petersilie und Schnittlauch fein hacken.
4. Couscous, Röstzwiebeln, zerdrückte Käferbohnen, Karotten und gehackte Kräuter mit dem Ei vermischen. Mit einem Spritzer Zitronensaft, Salz und Pfeffer abschmecken. Lassen Sie die Mischung mindestens 30 Minuten an einem kühlen Ort ruhen.
5. Die Masse mit nassen Händen zu 4

Frikadellen formen und von beiden Seiten mit Öl bestreichen. Auf dem heißen Grill ca. 10 Minuten knusprig grillen, nach 5 Minuten wenden. Alternativ kannst du es auch in der Pfanne grillen.

6. Tomate waschen und in Scheiben schneiden. Salat waschen und trockenschleudern. Schafskäse bei Bedarf trocken tupfen und in Scheiben schneiden.

7. Die Rollen quer aufschneiden und kurz auf dem Grillrost erwärmen. Die Patties auf die Rollen legen. Mit Tomatenscheiben, Rucola und Schafskäse bedecken und mit etwas Mayonnaise abschließen. Legen Sie den Brötchendeckel darauf.

19. Gemüseburger

Zutaten
- 2 EL Rama Cremefine zum Kochen
- 100 g Mehl (glatt)
- 1 Teelöffel Backpulver
- Salz
- 200 g Zucchini (fein gehackt)
- 150 g Maiskörner (Dosis)
- 1 Paprika (rot, fein gewürfelt)
- 60 g Thea
- 6 Sesamrollen)
- 6 Lollo Verde-Blätter
- 2 Tomaten (in Scheiben geschnitten)

Vorbereitung
1. Für den Gemüseburger Ei, Cremefine, Mehl und Backpulver glatt rühren, mit Salz und Pfeffer würzen.
2. Zucchini, Mais und Paprika untermischen, 6 Patties formen und flach drücken. Die Frikadellen nacheinander in einem heißen THEA von beiden Seiten langsam anbraten. Eventuell im Backofen bei 180 Grad einige Minuten fertig braten.
3. Sesamrolle aufschneiden, mit einem Salatblatt und Tomatenscheiben belegen, mit

hausgemachtem Ketchup garnieren und die Gemüse-Patties darauf legen. Fertig ist ein saftiger Gemüseburger.

20. Kastanienburger

Zutaten
- 200 g Kastanien (gekocht und geschält)
- 2 Scheiben Toast (oder 1 altes Brötchen)
- 100 ml Schlagsahne
- 2 Karotten (klein)
- 50 g Sellerie
- 30 g Petersilienwurzel
- 1/2 Stück Lauch
- 2 Frühlingszwiebeln
- 2 Teelöffel Thymian (getrocknet)

- 1 Stück Ei
- Salz
- Pfeffer
- Semmelbrösel (nach Bedarf)
- Schmalz (oder Bratöl)
- 4 Stück Burger-Patties (fertig)
- Salat nach Wahl
- Preiselbeeren (fertig)

Vorbereitung

1. Für die Kastanienburger die Kastanien in kleine Stücke schneiden. Den Toast mit Schlagsahne einweichen und weich werden lassen.

2. Möhren, Sellerie, Petersilienwurzel, Lauch und Frühlingszwiebel waschen, putzen und fein hacken.

3. Die Kastanien, das Toastbrot und das Gemüse mit dem Ei in einer Schüssel vermischen. Die Gewürze dazugeben und alles sehr gut durchkneten.

4. Wenn die Mischung zu weich ist, etwas Semmelbrösel hinzufügen.

5. Aus der Masse nun mit nassen Händen gleichgroße Kastanien-Burger formen.
6. Diese in heißem Öl oder Schmalz ausbacken und auf Küchenpapier abtropfen lassen.
7. Die Burger-Patties ebenfalls kurz anbraten oder im Toaster erhitzen und innen mit Preiselbeeren bestreichen, die KastanienBurger einlegen und mit einem Salat nach Wahl dekorieren.

21. Vitaminburger

Zutaten
- 2 Hamburgerbrötchen
- 100 g Karotten
- 100 g Zucchini
- 1 Ei
- 1 EL Mehl (glatt)
- 1 EL Petersilie (gehackt)
- 2 Tomatenscheiben
- 2 Blätter Eisbergsalat
- 2 Auberginenscheiben
- Oregano
- 1 Knoblauchzehe (gepresst)
- Olivenöl
- Salz

- Pfeffer

Vorbereitung

1. Für den Vitaminburger Möhren und Zucchini schälen und grob zerzupfen. Mit Ei, Mehl und gehackter Petersilie mischen. Mit Salz und Pfeffer würzen. Olivenöl in einer Pfanne erhitzen und die Gemüsemischung in Form von 2 Frikadellen hineingeben. Auf beiden Seiten anbraten. Die Frikadellen herausnehmen, in Alufolie wickeln und warm halten. In derselben Pfanne die Tomaten- und Auberginenscheiben zusammen mit dem Oregano und der gepressten Knoblauchzehe kurz anbraten. Gleichzeitig die Hamburgerbrötchen aufschneiden und auf den Schnittflächen toasten. Legen Sie zuerst eine Auberginenscheibe auf die unteren Teile der Rollen. Dann das Gemüsepatty, die Tomatenscheiben und zuletzt die Salatblätter darauf legen. Legen Sie das Oberteil darauf und drücken Sie es leicht nach unten.

22. Burgerbrötchen

Zutaten
- 420 g Mehl
- 40 g Kristallzucker
- 1 Prise Salz
- 1 Päckchen Trockenhefe
- 175 ml Milch
- 1 Ei
- 1 Eigelb
- 25 g Butter (in kleinen Stücken)
- etwas Mehl (für die Arbeitsfläche)
- 1 Eiweiß (zum Bestreichen)
- etwas Wasser (zum Bürsten)

Vorbereitung
1. Für die Burgerbrötchen zuerst Mehl, Zucker, Salz und Hefe in einer Schüssel vermischen. Milch, Ei und Eigelb verquirlen und hinzufügen. Alles zu einem glatten Teig verkneten.
2. Dann die Butter dazugeben und weiterkneten, bis der Teig schön glatt ist. An einem warmen Ort etwa 1 1/2 Stunden gehen lassen.
3. Eine Arbeitsfläche bemehlen, aus dem Teig eine Rolle formen, acht Stücke schneiden und zu Rollen formen. Auf ein mit Backpapier ausgelegtes Backblech legen. Lass noch eine Stunde gehen. Wenn Sie auf den Teig drücken und dieser in seine ursprüngliche Position zurückkehrt, sind die Brötchen fertig zum Backen.
4. Das Eiweiß mit etwas Wasser verquirlen und die Brötchen damit bestreichen. Bei 190 °C etwa eine Viertelstunde backen, bis die Brötchen goldbraun sind.
5. Die Burgerbrötchen abkühlen lassen, halbieren und nach Belieben belegen.

23. Vegetarische Burger

Zutaten
- 1 Päckchen vegane Burger (2 Stück)
- 1 Karotte (grob gerieben)
- 1 Zwiebel (klein) ☐ 1/4 Gurke
- Cocktailtomaten
- 1 Paprika (grün)
- Cocktail Sauce

Vorbereitung
1. Die Karotte grob reiben. Gurke in Scheiben schneiden. Die Cocktailtomaten halbieren. Die Zwiebel in Ringe schneiden. Paprika in Streifen schneiden.
2. Die veganen Burger heiß anbraten.

3. Währenddessen die Brötchenhälften toasten. Zuerst die Gurkenscheiben, dann die geriebenen Karotten und Zwiebeln in die untere Hälfte des warmen Brötchens legen.
4. Die heißen Burger darauf legen und mit Tomaten und Paprika belegen.
5. Mit einer Cocktailsauce nach Wahl toppen, die Burgerbrötchen versiegeln und die Burger servieren.

24. Vegetarischer Burger mit Käferbohnen

Zutaten

- 120 g Couscous
- 1/2 Zwiebel
- 1 Knoblauchzehe
- 150 g Käferbohnen (gekocht)
- 100 g Karotten
- 1 Ei
- 1 Teelöffel Petersilie
- 1 Teelöffel Schnittlauch
- 1 Spritzer Zitronensaft
- Salz
- Pfeffer (frisch gemahlen)
- Olivenöl *Beenden:*

- 1 Fleischtomate
- 1 Handvoll Rakete
- 100 g Schafskäse (fest, zB Feta)
- Mayonnaise
- 4 Hamburgerbrötchen

Vorbereitung

1. Couscous mit der gleichen Menge kochendem Wasser bedecken. Abdecken und 10 Minuten einweichen lassen. Nach 5 Minuten mit einer Gabel auflockern.
2. Zwiebel und Knoblauch schälen und fein hacken. 1 EL Olivenöl in einer Pfanne erhitzen und die Zwiebeln goldbraun rösten. Knoblauch dazugeben und kurz anrösten.
3. Die Käferbohnen mit einer Gabel zerdrücken, die Möhren schälen und fein reiben. Petersilie und Schnittlauch fein hacken.
4. Couscous, Röstzwiebeln, zerdrückte Käferbohnen, Karotten und gehackte Kräuter mit dem Ei vermischen. Mit einem Spritzer Zitronensaft, Salz und Pfeffer abschmecken. Lassen Sie die Mischung mindestens 30 Minuten an einem kühlen Ort ruhen.
5. Die Masse mit nassen Händen zu 4

Frikadellen formen und von beiden Seiten mit Öl bestreichen. Auf dem heißen Grill ca. 10 Minuten knusprig grillen, nach 5 Minuten wenden. Alternativ kannst du es auch in der Pfanne grillen.

6. Tomate waschen und in Scheiben schneiden. Salat waschen und trockenschleudern. Schafskäse bei Bedarf trocken tupfen und in Scheiben schneiden.

7. Die Rollen quer aufschneiden und kurz auf dem Grillrost erwärmen. Die Patties auf die Rollen legen. Mit Tomatenscheiben, Rucola und Schafskäse bedecken und mit etwas Mayonnaise abschließen. Legen Sie den Brötchendeckel darauf.

25. Wurzelgemüseburger mit Käse

Zutaten
- 1 Tasse(n) Suppengemüse (ca. 250 g)
- 180 g Hartkäse
- 120 g Semmelbrösel
- 2 EL Olivenöl
- 2 EL Wasser

Vorbereitung
1. Für die Wurzelgemüse-Burger den Backofen auf 180 Grad Ober-/Unterhitze vorheizen. 1 Tasse Suppengemüse schälen, in der Küchenmaschine zerkleinern und in etwas Öl rösten.
2. In der Zwischenzeit 180 Gramm Käse reiben (oder in der Küchenmaschine zerkleinern) und mit 120 Gramm Semmelbrösel mischen. 2 EL Olivenöl und 2 EL Wasser dazugeben und alles gut mit der Gemüsemischung vermischen.
3. Aus dieser Masse kleine Kugeln kneten und diese dann zu Burgern platt drücken. Auf ein mit Backpapier ausgelegtes Backblech legen und 20 Minuten backen.
4. Dann die Burger wenden (und wer möchte sie noch einmal mit einer Gabel flach drücken,

damit Rillen entstehen) und weitere 20 Minuten backen.

26. Falafel-Burger

Zutaten

Für die Falafel:
- 125 g Kichererbsen (bereits eingeweicht)
- 1/2 Zwiebel (geröstet)
- 1 Knoblauchzehe(n) (zerdrückt)
- 2 Teelöffel Petersilie (gehackt)
- 1/4 Teelöffel Kreuzkümmel
- 1/4 Teelöffel Koriander
- 1/4 Teelöffel Kardamom
- 1 Prise Pfeffer
- 1 EL Mehl
- 1 EL Sesamsamen

- 1/4 Teelöffel Salz

Zum Abdecken:
- 2 Burgerbrötchen
- 2 Tomaten (klein)
- 4 EL Eisbergsalat (Nudel geschnitten)
- 4 EL Cocktailsauce

Vorbereitung

1. Für den Falafel-Burger die über Nacht mit Zwiebel und Knoblauch eingeweichten Kichererbsen nicht mit einem Mixer zerkleinern, Gewürze, Salz und Mehl unterkneten. 1 Stunde im Kühlschrank ruhen lassen.
2. Mit feuchten Händen 2 Patties formen, in Sesam wälzen und in 180 °C heißem Öl anbraten.
3. Die Brötchen aufschneiden und hellbraun rösten, mit den Scheiben belegen Tomaten, den Eisbergsalat und die Cocktailsauce und die Falafelscheiben darauf legen und mit der zweiten Hälfte der Rolle bedecken.

27. Kokos-Burger mit Banane

Zutaten
- 2 Scheibe(n) Toastbrot
- 1 Zwiebel
- 1 Knoblauchzehe
- 2 Eier (M)
- 1/4 Teelöffel Cayennepfeffer
- 1/4 Teelöffel Nelken (gemahlen)
- 1/4 Teelöffel Kreuzkümmel (gemahlen)
- 500 g Hackfleisch (gemischt)
- Salz
- Pfeffer
- 175 g Kirschtomaten
- 2 Bananen (fest, noch etwas grün)
- 6 EL Kokosraspeln
- 4 Pita-Rollen (zum Füllen)
- 4 Holzspieße (lang)

- Öl (zum Bürsten)

Vorbereitung

1. Für den Kokos-Burger mit Banane zuerst das Toastbrot kurz in Wasser einweichen, dann fest ausdrücken. Zwiebel und Knoblauch schälen, fein hacken und mit Eiern, Gewürzen und Hackfleisch in eine Schüssel geben. Alles kräftig durchkneten, mit Salz und Pfeffer würzen. Aus dem Hackfleisch 4 große, flache Frikadellen formen, mit Alufolie abdecken und in den Kühlschrank stellen. Gießen Sie die Holzspieße.

2. Heizen Sie den Grill auf. Cherrytomaten waschen, Bananen schälen und in 3 cm dicke Scheiben schneiden. Holzspieße und abwechselnd Tomaten- und Bananenscheiben trocknen und ölen. Die Kokosraspeln auf einem Teller verteilen.

3. Grillgut heiß werden lassen, gut einölen. Hacksteaks in Kokosraspeln wenden, auf den Rost legen und bei mittlerer Hitze von jeder Seite 4–5 Minuten grillen, dabei ab und zu mit Öl bestreichen. Bananen-TomatenSpieße am Grillrand grillen, mit Öl bestreichen und mit Salz und Pfeffer würzen. Die Pita-Rollen ebenfalls kurz auf dem Grill anrösten.

4. Die Pita-Rollen mit den Kokos-Patties füllen, mit den Tomaten-Bananen-Spießen auf einen Teller legen und den Kokos-Burger mit Banane servieren.

28. Schlampiger Burger mit Chili Pommes

Zutaten

Zu den Rollen:

- 350 g Mehl (glatt)
- 220 ml Wasser (lauwarm)
- 1 Schuss Öl
- 1/2 Packung Trockenhefe
- 1/2 Teelöffel Salz *Für den Burger:*
- 500 g Hackfleisch (gemischt)
- 8 Scheibe(n) Gouda (oder Edamer oder Cheddar)
- 80 g Speck (dünn geschnitten)
- 1 Zwiebel (rot)

- 2 Knoblauchzehen
- 4 Salatblätter (groß)
- 1 Tomate
- Olivenöl
- Salz
- Pfeffer

Für die Chili-Pommes:

- 600 g Kartoffeln
- 2 EL Maisstärke
- 1/2 Teelöffel Cayennepfeffer
- Salz
- Olivenöl

Vorbereitung

1. Für den Sloppy Burger mit Chili Fries zuerst den Backofen auf 200°C vorheizen.
2. Für die Brötchen alle Zutaten zu einem glatten Teig verkneten (Mixer oder Küchenmaschine). Vierteln und zu Kugeln formen, zudecken und ca. 20 Minuten. Mit etwas Wasser bestreichen und 10 Minuten backen.
3. Für die Chili Pommes Kartoffeln waschen, halbieren und in fingerdicke Scheiben schneiden. Mit Olivenöl, Maisstärke und Gewürzen einreiben und bei 200°C ca. 25 Minuten backen.

4. Das Fleisch in einer heißen Pfanne ohne Fett anbraten, bis das Wasser verdampft ist, dann das Olivenöl dazugeben und goldbraun braten. Knoblauch schälen und fein hacken und kurz anbraten.
5. Zwiebel schälen und in feine Ringe schneiden, Salatblätter waschen und trocken tupfen. Den Speck in einer Pfanne ohne Öl knusprig braten.
6. Tomaten in dünne Scheiben schneiden. Die Brötchen halbieren, etwas aushöhlen und das Hackfleisch darin verteilen, jeweils mit einer Scheibe Käse belegen und etwas schmelzen lassen. Mit den restlichen Zutaten zu einem Burger stapeln. Servieren Sie den schlampigen Burger mit Chili-Frites.

29. Buchweizenburger mit Karotten und Walnüssen

Zutaten

- 80 g Buchweizen
- 125 g QimiQ Classic (ungekühlt)
- 60 g Frischkäse
- 2 Karotten (geschält, gerieben)
- 2 EL Walnüsse (fein gehackt)
- 1/2 Zwiebel (rot, klein gewürfelt)
- Salz
- Pfeffer (frisch gemahlen)
- 4 Hamburgerbrötchen
- 4 Salatblätter

- 1 Zwiebel (rot, in Ringe geschnitten)

Vorbereitung

1. Für den Buchweizenburger mit Karotten und Walnüssen zuerst den Buchweizen in einem Sieb unter fließendem Wasser waschen und in ungesalzenem Wasser weich kochen. Abkühlen lassen.
2. Das ungekühlte QimiQ Classic glatt rühren. Frischkäse, Buchweizen, Karotten, Walnüsse und Zwiebeln dazugeben und gut vermischen. Mit Salz und Pfeffer abschmecken.
3. Die Mischung mit einem Löffel auf ein mit Backpapier ausgelegtes Backblech geben und in kleine Burgerbrote portionieren. Etwa 4 Stunden gut abkühlen lassen.
4. Die Hamburgerbrötchen schneiden. Die unteren Brötchenhälften mit je einem Salatblatt bedecken.
5. Die Burger-Patties auf den Salat legen und mit den Zwiebelringen belegen. Die oberen Hälften wieder darauf legen und den Buchweizenburger mit Karotten und Walnüssen servieren.

30. Chickenburger mit Erdbeeren

Zutaten
- 4 Weißbrötchen
- 100 g Rucola
- Essig
- Olivenöl
- Salz
- Pfeffer

Für die Mayonnaise:
- 1 Ei
- 1 Teelöffel Senf
- 1 EL Essig
- 150 ml Sonnenblumenöl
- 2 EL Nüsse (gehackt)
- Salz

- Pfeffer

Für die Hähnchenbrust:
- 4 Hähnchenbrust
- 1 Teelöffel Thymian (getrocknet)
- 1 Teelöffel Koriandersamen (gemahlen)
- 1/4 TL Chilischoten (getrocknet)
- Salz

Für die Erdbeeren:
- 200 g Erdbeeren
- 2 EL Olivenöl
- Salz
- Pfeffer

Vorbereitung

1. Für den Chicken Burger mit Erdbeeren zuerst die Hähnchenbrüste der Länge nach halbieren, aber nicht ganz auseinander schneiden. Die Hähnchenbrüste ("Butterfly Cut") öffnen und die Gewürze und etwas Salz einreiben.
2. Die Brötchen waagerecht halbieren. Von den Erdbeeren den Strunk entfernen, in dünne Scheiben schneiden und mit 2 EL Olivenöl, Salz und Pfeffer würzen.
3. Für die Mayonnaise das Ei mit einem Stabmixer schaumig schlagen. Senf und Essig dazugeben und das Öl langsam unter

ständigem Rühren einfüllen. Sobald die Mayonnaise eine gute Konsistenz hat, die gehackten Nüsse unterrühren und mit etwas Salz und Pfeffer würzen.

4. Die Hähnchenfilets in einer Pfanne oder auf dem Grill ca. 4 Minuten von beiden Seiten anbraten. Die halbierten Brötchen im Backofen oder auf dem Grill knusprig backen.
5. Den gewaschenen, abgetropften Rucola mit etwas Essig, Öl, Salz und Pfeffer würzen.
6. Rucola auf den Semmelbröseln verteilen, Hähnchenfilet darauf legen und mit den Erdbeeren belegen. Die Brötchendeckel mit Mayonnaise bestreichen und den Chicken Burger mit Erdbeeren damit verschließen.

31. Ziegenkäse-Dattel-Burger

Zutaten
- 2 Knoblauchzehen
- 12 Datteln (getrocknet, entkernt)
- Salz
- Pfeffer
- 40 g Mandelstifte
- 600 g Lammhack
- 1 Teelöffel Currypulver
- 100 g Sauerrahm
- 150 g Ziegenkäserolle
- 4 Blätter Lollo Rosso Salat
- 4 Burgerbrötchen

Vorbereitung

1. Für den Ziegenkäse- und Dattelburger zuerst den Knoblauch schälen, die Datteln halbieren und beides im Blitzhacker fein hacken. Je 1 TL Salz und Pfeffer und die Mandelstifte zum Hackfleisch geben und 1–2 Minuten kräftig durchkneten. Aus dem Hackfleisch vier gleich große 2 cm hohe Frikadellen formen. Die Patties mit Frischhaltefolie abdecken und für mindestens 30 Minuten in den Kühlschrank stellen.

2. Curry und Sauerrahm in eine Schüssel geben, mit einer Gabel umrühren und mit Salz würzen. Schneiden Sie die Käserolle in ca. $\frac{1}{2}$ cm dicke Scheiben für zwölf Scheiben. Salat waschen und trocken schütteln.
3. Die Brötchen halbieren und toasten. Mit einem Löffel eine Mulde in die Mitte jedes Pattys drücken. Die Patties in die Pfanne geben und bei mittlerer Hitze von jeder Seite 4-5 Minuten braten. Nur einmal drehen. Wenn Sie das rosa Fleisch nicht zu sehr mögen, braten Sie es 5-6 Minuten pro Seite. Nach dem Wenden den Käse auf die Patties geben, damit er etwas schmilzt. Die Brötchenhälften mit Curry-Sauerrahm bestreichen, mit Salat belegen, das Patty darauflegen und den Ziegenkäse-DattelBurger mit der anderen Brötchenhälfte verschließen.

32. Lammburger mit Ziegencamembert und Granatapfel

Zutaten

- 4 rosa Burgerbrötchen
- 150 g Ziegencamembert (in Scheiben geschnitten)
- 1 Granatapfel (klein, Kerne herausgeschöpft)
- 2 Handvoll Salatblätter (gewaschen)
- Rosmarin (gezupft)
- Honig

Für die Lamm-Patties:

- 600-700 g Lammhack
- 20 g Zatar (nordafrikanische Gewürzmischung)

- 1 Knoblauchzehe (fein gehackt, optional)
- Meersalz
- Pfeffer (aus der Mühle)
- Olivenöl (zum Braten)

Vorbereitung

1. Für Lammburger mit Ziegencamembert und Granatapfel zunächst die rosa Burgerbrötchen vorbereiten.
2. Für die Lamm-Patties alle Zutaten in einer Schüssel vermischen, bis sich die Masse zu verbinden beginnt. Das Hackfleisch zu einem Ring drücken, der den gleichen Durchmesser wie die Burgerbrötchen hat. Frikadellen formen und in einer Pfanne mit etwas Olivenöl von beiden Seiten ca. 2 Minuten braten. Die Bratlinge mit dem Ziegencamembert belegen und im Backofen mit Gratinfunktion 1 - 2 Minuten backen.
3. Die Brötchen halbieren und in einer Pfanne ohne Fett anrösten.
4. Die Brötchenhälften mit Salat und den Lammfrikadellen belegen. Mit Honig beträufeln, mit Rosmarin bestreuen und einige Granatapfelkerne darüber streuen. Den Lammburger mit Ziegencamembert und Granatapfel servieren.

33. Halloumi-Burger mit Grillgemüse und Tabbouleh

Zutaten

- 4 Burgerbrötchen
- 1-2 Pkg Halloumi
- Olivenöl
- 4 Salatblätter
- etwas Petersilie (gezupft, zum Garnieren) *Für das Grillgemüse:*
- 1 Aubergine
- 1 Spitzpaprika
- 1 Zucchini
- 4 Zweig(e) Rosmarin
- 4 Zweige Thymian

- 1 Knoblauchzehe
- 1 EL Balsamico-Essig
- 10 EL Olivenöl
- Salz
- Pfeffer (aus der Mühle) *Für das Tabouté:*
  - 1/2 Tasse(n) Bulgur
  - 1 Stange(n) Frühlingszwiebeln
  - 1 Tasse(n) Wasser (heiß)
  - 2 Bund Petersilie (groß)
  - 1 Bund Koriander
  - etwas Minze (frisch)
  - 2 Zitrone (Saft)
  - 2 EL Olivenöl
  - 2 Tomaten
  - Salz
  - Pfeffer (aus der Mühle)
  - Chili

Vorbereitung

1. Für Halloumi-Burger mit Grillgemüse und Tabouleh zuerst für das Tabouleh den Bulgur in eine Schüssel geben. Die Frühlingszwiebel in feine Streifen schneiden und mit dem Bulgur vermischen. Leicht durchkneten, damit der Bulgur den Zwiebelgeschmack aufnimmt. Fügen Sie das

heiße Wasser hinzu und lassen Sie es 30 Minuten einweichen.
2. Petersilie, Koriander und Minze fein hacken. Zitronensaft und Olivenöl zu einer Marinade mischen. Mit Salz, Chili und Pfeffer abschmecken und gründlich mit dem Bulgur mischen. Tomaten würfeln und mit dem Tabouleh vermischen. Lassen Sie es mindestens eine Stunde im Kühlschrank ziehen.
3. Für das Grillgemüse Thymian, Rosmarin und Knoblauch fein mahlen. Mit Essig und Olivenöl mischen, mit Salz und Pfeffer gut würzen.
4. Schneiden Sie das Gemüse in lange, dünne Streifen. Mit etwas Olivenöl bestreichen und von allen Seiten anbraten. Anschließend mit dem Kräuteröl bestreichen und 30 Minuten marinieren lassen.
5. Halloumi in einer Pfanne mit etwas Olivenöl anbraten, bei Bedarf etwas würzen.
6. Die Burgerbrötchen waagerecht halbieren und in einer Pfanne ohne Fett anrösten.
7. Halloumi, Tabouleh und Grillgemüse mit den restlichen Zutaten zwischen den Burgerbrötchen anrichten, mit etwas

Olivenöl beträufeln und den Halloumi-Burger mit Grillgemüse und Tabouleh servieren.

34. Falafelburger mit Minzjoghurt und Babygurke

Zutaten
- 4 gelbe Burgerbrötchen
- 2-3 Babygurken (alternativ eine große Gurke)
- Garten Kresse

Für die Falafel:
- 500 g Kichererbsen (aus der Dose)
- 1/2 Zwiebel (rot)
- 2 Knoblauchzehen
- 1 Bund Koriander
- 1/2 Bund Petersilie
- 1 Chili

- 1 Zitrone
- 1 EL Kreuzkümmel
- 1/2 EL Salz
- 100 g Kichererbsenmehl **Für den Minzjoghurt:**
- 200 ml Joghurt (griechische Art)
- 1/2 Bund Minze (in feine Streifen geschnitten)
- 1/2 Zitrone (Saft und Schale)
- Meersalz
- Pfeffer (aus der Mühle)

Vorbereitung

1. Für Falafel-Burger mit Minzjoghurt und Babygurke zuerst gelbe Burgerbrötchen zubereiten.
2. Für die Falafel die Kichererbsen abtropfen lassen und mit Wasser abspülen. Zitrone waschen und reiben, dann den Saft auspressen. Den Knoblauch schälen und die Zwiebel in große Stücke schneiden. Petersilie und Koriander waschen und die Blätter zupfen. Chili längs halbieren und entkernen. Alle Zutaten im Küchenmixer zu einer cremigen Masse pürieren. Aus der Masse kleine Knödel formen und diese dann in heißem Öl goldgelb braten.

3. Für den Minzjoghurt alle Zutaten miteinander vermischen.
4. Gurken waschen und mit einem Sparschäler längs in Streifen schneiden.
5. Gartenkresse mit einer Schere abschneiden.
6. Die Brötchen halbieren und in einer Pfanne ohne Fett rösten.
7. Falaffel, Gurke, Joghurt und Kresse schön zwischen den Brötchenhälften anrichten und den Falafelburger mit Minzjoghurt und Babygurke servieren.

35. Lammburger mit Ratatouille und

Blauschimmelkäse

Zutaten

- 4 Brioche-Burger-Brötchen
- 4 Blauschimmelkäse (bis zu 8)
- 2 Handvoll Salatblätter (gewaschen)

Für die Lamm-Patties:

- 600 g Lammhack (bis 700 g)
- Kreuzkümmel
- 1 Knoblauchzehe(n) (fein gehackt)
- Meersalz
- Pfeffer aus der Mühle) Für das Ratatouille:
- 2 Zucchini (klein)
- 1 Paprika (rot)

- 1 Paprika (gelb)
- 2 Stiel(e) Frühlingszwiebeln
- 1 EL Tomatenmark
- 1 Knoblauchzehe(n) (bis zu 2, geschält)
- Olivenöl (zum Braten)
- 1 Zweig (e) Thymian
- Salz
- Pfeffer
- Zucker
- etwas Wasser

Vorbereitung

1. Für Lammburger mit Ratatouille und Blauschimmelkäse zuerst Brioche-Brötchen backen.
2. Für die Lamm-Patties alle Zutaten in einer Schüssel vermischen, bis sich die Masse zu verbinden beginnt. Die Fleischmasse zu einem Ring drücken, der den gleichen Durchmesser wie die Burgerbrötchen hat.
   Die Patties in einer Pfanne mit etwas Olivenöl von beiden Seiten ca. 2 Minuten anbraten. Die Patties mit dem Blauschimmelkäse bedecken und im Backofen mit der Gratin-Funktion 1-2 Minuten backen.
3. Zucchini waschen, längs halbieren und in ca. 5mm dick. Paprika waschen, halbieren und

entkernen. Das Fruchtfleisch in kleine Würfel schneiden. Die Frühlingszwiebeln putzen und schräg in sehr feine Scheiben / Ringe schneiden.

4. Etwas Olivenöl in einem kleinen Topf erhitzen und darin Paprika, Zucchini und Frühlingszwiebeln anbraten. Knoblauch, fein gehackt, dazugeben, Tomatenmark einrühren und mit etwas Wasser ablöschen. Mit Salz, Pfeffer und einer Prise Zucker würzen und abschmecken. Etwas einkochen lassen und mit dem geriebenen Thymian abschließen.
5. Die Burgerbrötchen halbieren und in einer Pfanne ohne Fett anrösten.
6. Die Brötchenhälften mit den Lammpatties und den restlichen Zutaten füllen und den Lammburger mit Ratatouille und Blauschimmelkäse servieren.

36. Wildschweinburger

Zutaten

Für das Brötchen:

- 4 Roggenbrötchen *Für die Pastete:*
- 600 g gehacktes Wildschwein
- 3 Schalotten (fein gewürfelt)
- 80 g Speck (gewürfelt, ungeräuchert)
- 1/2 Sellerieknolle (klein, gerieben)
- 4 EL Semmelbrösel
- 2 Eier
- 1 Teelöffel Tomatenmark
- 1/2 Teelöffel Kreuzkümmel
- 1 Teelöffel Rosmarin (frisch gehackt)
- 1 Prise Piment (gemahlen)
- Salz

- Pfeffer (frisch gemahlen) *Für den Belag:*
- 400 g Kohlsprossen
- 20 g Butter
- Muskatnuss, gerieben)
- 100 g Kochschinken (gewürfelt)
- Haselnusspesto (zum Bestreichen)
- 4 Scheibe(n) Gouda-Käse
- Salz
- Pfeffer (frisch gemahlen)

Vorbereitung

1. Für die Beläge zuerst die Kohlsprossen waschen, putzen und in Salzwasser ca. 7-8 Minuten blanchieren.
2. Sprossen halbieren, groß vierteln. Die Butter in einem Topf schmelzen und die Kohlsprossen darin schwenken. Mit den Gewürzen abschmecken und die Schinkenwürfel unterrühren, bei Bedarf etwas Butter hinzufügen.
3. Für die Patties das Hackfleisch in eine Schüssel geben und mit den restlichen Zutaten gut vermischen. Zum Schluss mit Salz und Pfeffer würzen.
4. Den Teig mit feuchten Händen zu vier Patties formen und auf jeder Seite ca. 4-5

Minuten grillen. Die Brötchen halbieren und die Schnittflächen auf dem Grill anrösten.
5. Die unteren Brötchenhälften mit Haselnusspesto bestreichen. Die heißen Patties darauf legen und mit den Käsescheiben belegen, sie sollten schmelzen.
6. Die Kohlsprossen darauf legen und die oberen Brötchenhälften auf die Wildschweinburger legen.

37. Surf and Turf Burger

Zutaten

Für den Burger:
- 200 g Hackfleisch
- 2 Burgerbrötchen
- 10 Garnelen (vorgekocht und geschält)
- 2 Scheibe(n) Cheddar-Käse
- 4 EL Cocktailsauce
- 4 EL Remoulade
- 4 Salatblätter (nach Wahl)
- 3 Cocktailtomaten
- 1/2 Teelöffel Meer Salz
- 1/2 Paprika (Farbe nach Wahl)
- 1/2 Teelöffel Pfeffer

- Kresse (frisch)

Vorbereitung

1. Das Hackfleisch mit Meersalz und Pfeffer abschmecken und zu einem Patty formen.
2. Auf dem Rost bei mittlerer direkter Hitze je nach Geschmack medium bis durchgebraten grillen.
3. Kurz nach dem Wenden die beiden CheddarScheiben darauf legen.
4. Während des Grillens des Pattys die Garnelen grillen, bis sie gar sind. Es empfiehlt sich hierfür eine Grillplatte zu verwenden, damit sie nicht durch den Rost fallen (Achtung: die Garnelen können schnell austrocknen).
5. Mehl, Salz, Pfeffer und Zucker in einen Gefrierbeutel geben und die in Ringe geschnittene Zwiebel dazugeben und unter Schütteln des Beutels die Zwiebelringe mit Mehl bestäuben. Dann die Röstzwiebeln in der Pfanne in heißem Sonnenblumenöl anbraten.
6. Die Brötchenschnittflächen rösten und zwei Salatblätter darauf legen.

7. Das Patty in der Mitte durchschneiden (senkrecht!). Jeweils die Hälfte auf die Unterseite des Brötchens legen.
8. Einen Klecks Remoulade darüber geben und mit Tomaten und Röstzwiebeln belegen.
9. Nun die beiden freien Brötchenhälften mit je drei Scampi belegen. Die Cocktailsauce darüber träufeln, mit Paprika in Streifen schneiden und mit Kresse bestreuen.
10. Die Brötchenoberseiten darauf legen, leicht andrücken und servieren.

38. Pulled Turkey Burger

Zutaten
- Mayonnaise
- 1 Gurke
- 2 Zwiebeln (rot)
- 4 schwarze Burgerbrötchen

Für den Pulled Pute:
- 4 Putenschenkel
- 4 EL Kürbisgewürz
- 1 EL Chilipulver
- 1 Teelöffel Salz
- 1 Teelöffel Pfeffer (aus der Mühle)
- 1 Zwiebel (rot)
- 250 ml Gemüsesuppe
- 50 g Zucker (braun)

- 1 Teelöffel Ahornsirup
- 2 EL Honig-Senf
- 1 EL Sojasauce

Vorbereitung

1. Für Pulled Turkey Burger zuerst den Backofen auf 130°C Unterhitze vorheizen.
2. Für das Pulled Turkey Pumpkin Spice mit den restlichen Gewürzen vermischen.
   Putenkeulen waschen, trocken tupfen und mit den Gewürzen einreiben. Zwiebeln schälen und in feine Stücke schneiden. Suppe, Zucker, Ahornsirup, Senf und Sojasauce mischen.
3. Die Zwiebel in einen ofenfesten Bräter geben, die Putenkeulen darauf legen und die Flüssigkeit darübergießen.
4. Den Bräter schließen und das Fleisch ca. 4 Stunden garen lassen. Dann sollte es leicht sein, es auseinander zu ziehen und mit einer Gabel vom Knochen zu ziehen.
5. In der Zwischenzeit schwarze Burgerbrötchen zubereiten. Gurke waschen und in dünne Scheiben schneiden. Die rote Zwiebel schälen und in Ringe schneiden. Salat waschen, putzen und in große Stücke zupfen.

6. Die Burgerbrötchen quer halbieren, beide Hälften großzügig mit Mayonnaise bestreichen und die untere Hälfte mit Salatblättern belegen. Den Pulled Truthahn darauf verteilen, nach Belieben mit etwas Soße beträufeln, mit Gurke und Zwiebeln belegen und mit der oberen Brötchenhälfte bedecken.
7. Servieren Sie den Pulled-Turkey-Burger.

39. Gratinierter Burger auf Vollkorntoast

Zutaten

- 400 g Hackfleisch (Rind, mager)
- 1 Brötchen
- Wasser
- 100 g Zwiebeln
- 1 EL Sonnenblumenöl
- 1 EL Petersilie
- 1 EL Sojamehl
- Salz
- Pfeffer, Muskatnuss
- Majoran

Braten:

- 20 g Margarine Zum Gratinieren:

- 1 Päckchen Mozzarella (125 g)
- 50 g Frühlingszwiebeln *Bürger:*
- 1/4 Kopfsalat
- 4 Scheiben Vollkorntoast

Vorbereitung

1. Für den gratinierten Burger den Salat waschen und die Frühlingszwiebeln in Ringe schneiden.
2. Das Brötchen in Wasser einweichen und gut ausdrücken.
3. Zwiebeln fein hacken, goldbraun braten,
4. Hackfleisch mit allen anderen Zutaten gut vermischen, Patties formen und von beiden Seiten anbraten.
5. Mit Frühlingszwiebeln und Mozzarellascheiben belegen.
6. Im vorgeheizten Backofen bei 200°C ca. 10 Minuten gratinieren.
7. Vollkorntoast toasten, mit einem Salatblatt bedecken und den gratinierten Burger darauf legen.

40. Waffelburger mit Hühnchen

Zutaten
- 450 ml Milch
- 120 g Butter
- 280 g Weizenmehl
- 2 Teelöffel Backpulver
- 140 g Cheddar
- 2 Zweige Petersilie (glatt)
- 2 Eier
- 2 Teelöffel Salz
- Öl (zum Einfetten)
- 2 Tomaten
- 5 Salatblätter (Eisbergsalat)
- 600 g Hähnchenbrust

- Salz
- Pfeffer (frisch gemahlen)
- 2 Esslöffel Öl
- 6 EL. süße Chilisauce

Vorbereitung

1. Die Milch in einem kleinen Topf erhitzen und die Butter darin auflösen. Den Topf vom Herd nehmen und die Butter-Milch-Mischung abkühlen lassen.
2. Mehl mit Backpulver mischen. Cheddar sehr fein reiben. Petersilie waschen, mit Küchenpapier trocken tupfen und fein hacken.
3. Die Eier mit Salz in einer Schüssel vermischen, dann das Mehl gründlich einrühren. Die Butter-Milch-Mischung hinzufügen. Zum Schluss Cheddar und Petersilie untermischen.
4. Waffeleisen erhitzen und mit Öl bestreichen. Eine Kelle Teig in das Waffeleisen geben und die Waffel goldbraun backen. Nehmen Sie die Waffel aus dem Waffeleisen und halten Sie sie warm. Weitere 9 Waffeln backen.
5. In der Zwischenzeit die Tomaten waschen und in Scheiben schneiden. Salat waschen

und in waffelgroße Stücke zupfen. Die Hähnchenfilets waschen, mit Küchenpapier trocken tupfen und in schmale Streifen schneiden. Salz und Pfeffer.

6. Öl in einer Pfanne erhitzen und die Hähnchenstreifen darin anbraten. Chilisauce untermischen und bei mittlerer Hitze kurz weiterbraten, bis das Fleisch gar ist.

7. 5 Waffeln mit heißem Fleisch belegen, mit Käse bedecken. Tomaten und Salat darauf verteilen und mit den restlichen 5 Waffeln belegen. Servieren Sie den Waffel-Burger sofort.

41. Burgerbrötchen mit Hanfmehl

Zutaten
- 1 Päckchen Trockenhefe
- 200 ml Milch
- 1 Prise Zucker
- 170 g Weizenmehl (glatt)
- 40 g Hanfmehl
- Etwas Muskatnuss
- 1 Teelöffel Currypulver
- 1/2 Teelöffel Salz
- 1 Ei
- 3 EL Olivenöl

Vorbereitung

1. Trockenkeime mit Milch, Zucker und etwas Weizenmehl mischen und an einem warmen Ort, abgedeckt mit einem feuchten Tuch, ca. 15 Minuten gehen lassen.
2. Anschließend mit dem restlichen Mehl, Hanfmehl, Muskatnuss, Currypulver, Salz, Öl und dem Eigelb (Eiweiß zum Bestreichen zur Seite legen) zu einem glatten Teig verkneten. Mindest. 30 Minuten gehen lassen.
3. Den Teig noch einmal gut durchkneten, zu einer Rolle formen und in 6 gleiche Teile schneiden. Jedes Teil locker zwischen den

hohlen Händen drehen, bis der Teig eine glatte Oberfläche hat.
4. Auf ein mit Backpapier ausgelegtes Backblech legen (nicht zu eng beieinander) und nochmals ca. 15 Minuten. Mit Eiweiß bestreichen und im vorgeheizten Backofen bei 220 °C ca. 15 Minuten backen.

42. Thunfisch-Burger

Zutaten
- 600 g Thunfisch (frisch, Sashimi-Qualität)
- 1 Bund Petersilie
- 1 Bund Basilikum
- 1 Bund Minze
- 4 Stängel(e) Frühlingszwiebeln
- 1 Prise Koriander (gemahlen)

- 1 Zitrone (Saft und Zitronenschale)
- 1 Chili (fein gehackt)
- 2 EL Olivenöl
- Salz
- Pfeffer (frisch gemahlen)
- Salatblätter
- 4 Ciabatta-Röllchen (oder Burger-Röllchen)
- 1 Stück Zitrone (in Scheiben geschnitten)
- Ketchup

Vorbereitung

1. Für den Thunfisch-Burger Thunfisch, Kräuter, Frühlingszwiebeln, Koriander und Zitronenschale mit Chili in einer Schüssel vermischen. Alternativ, wenn Sie eine hausgemachtere Version wünschen, alle Zutaten fein hacken und gut miteinander vermischen.
2. Die Mischung auf eine saubere Arbeitsfläche geben und in 4 Stücke schneiden. Den Thunfisch hacken und in Burger-Patties teilen (TIPP: mit nassen Händen klebt der Fisch nicht so fest), zuerst eine runde Form formen und dann mit der Hand zusammendrücken.
3. Die fertigen Thunfisch-Patties mit

Frischhaltefolie oder ähnlichem eine halbe Stunde ruhen lassen. Die Pfanne oder am besten den Grill vorheizen. Die Patties von beiden Seiten mit Öl bestreichen und mit Salz und Pfeffer bestreuen.

4. Jedes Brot ca. 2 Minuten auf beiden Seiten oder auf einer beliebigen Kochstufe.
5. Die Burgerbrötchen auf einer Grillplatte / oder einer Pfanne mit Rippchen leicht anbraten und dann jeden Burger mit den Thunfisch-Patties belegen. Mit Ketchup, marinierten Salatblättern und nach Belieben einer Tomatenscheibe garnieren.

43. Speckburger

Zutaten
- 500 g Hackfleisch (gemischt)
- 6 Brötchen (gekauft oder selbstgemacht)
- 120 Gramm Speck
- 1 Stück Zwiebel
- 1 Tomate
- 6 Scheibe(n) Gouda
- 6 Salatblätter
- Ketchup
- Salz
- Mayonnaise
- Pfeffer

Vorbereitung
1. Für den Speckburger das Fleisch mit Salz und Pfeffer würzen, dünne Scheiben formen und in etwas Öl anbraten.
2. Den Speck knusprig braten. Schneiden Sie die Brötchen auseinander. Erst mit Ketchup bestreichen, dann das Fleisch darauf legen und dann mit Tomaten, Zwiebeln, Salat und Speck belegen.
3. Mit Mayonnaise garnieren.

44. Sommerburger

Zutaten
- 1 Tomate
- 1 Mozzarella
- 10 dag Speck
- 1 Stk. Baguette (rustikal oder Ciabatta)
- 1 Päckchen Salatmischung
- 1/2 Tasse Sahne
- 1 1/2 EL Mayonnaise
- 400 g Hähnchen (Filet oder Schnitzel)
- 2 Knoblauchzehen (klein)
- 1 EL Senf
- 4 EL Olivenöl

- 1/2 Zitrone

Vorbereitung

1. Für den Sommerburger das Fleisch putzen und mit Olivenöl, Senf, Salz und Pfeffer und dem Saft einer halben Zitrone marinieren.
2. Für die Sauce die Sahne mit der Mayonnaise glatt rühren und mit Knoblauch, Salz, Pfeffer und Senf würzen.
3. Tomaten und Mozzarella in Scheiben schneiden, Salat waschen. Das Fleisch in der Pfanne ohne Zugabe von Öl anbraten und mit den restlichen vorbereiteten Zutaten servieren.

45. Grüner Dinkel-Schildkröten-Burger

Zutaten
- 200 g grüne Kruste
- 2 Stück Eier
- 2 EL. Tomatenmark
- 80 g Karotten
- 400 ml Gemüsesuppe
- 1 Teelöffel Salz
- 4 Tomaten (klein)
- 1/2 Stück Radieschen
- 400 ml Öl (zum Braten)
- 8 Salatblätter (groß)
- Pfeffer (frisch gerieben)

- Kräuter (gehackt, nach Geschmack)

Vorbereitung

1. Für den Gründinkel-Schildkröten-Burger die Suppe mit Gründinkelschrot aufkochen und ca. 15 Minuten köcheln lassen, dann abschalten und zugedeckt weitere 15 Minuten quellen lassen.
2. Die Karotte hacken, die Eier und Salz, Pfeffer, Tomatenmark und Kräuter mit dem Schrot vermischen. Patties formen und in heißem Öl knusprig backen.
3. Brötchen aufschneiden, heiße Etiketten anbringen, Tomatenköpfe und Radieschenschenkel und -schwänze abschneiden.
4. Der unreife Tortoise Burger Auf Salatblättern servieren.

VEGGIE BURGER

46. Sushi-Burger

Zutaten
- 250 g Sushi-Reis
- 375 ml Gemüsebrühe oder Algenbrühe
- 2 EL Limettensaft
- 2 TL Reissirup
- 2 EL Reisessig
- Salz
- 2 EL Sesamöl zum Braten
- ¼ Gurke
- 1 Karotte
- ½ Avocado
- ½ TL Wasabi
- 4 Burgerbrötchen

- 4 TL eingelegter Ingwer (Gari)
- 15 g gerösteter Sesam
- 130 g Wakame-Algensalat (Goma Wakame)

Vorbereitung

1. Den Reis waschen, mit der Gemüsebrühe in einen Topf geben, ca. 10 Minuten einweichen lassen, dann aufkochen und bei geschlossenem Deckel bei kleiner bis mittlerer Hitze garen. Reis vom Herd nehmen und 5 Minuten ruhen lassen.
2. Reisessig, Reissirup und Salz mischen und unter den Reis mischen. Etwas abkühlen lassen. Dann mit feuchten Händen vier Patties formen und in Sesamöl bei mittlerer Hitze backen.
3. Inzwischen Gurke putzen, waschen und in sehr feine Scheiben schneiden. Die Karotte schälen und in feine Streifen schneiden. Avocado entkernen, Fruchtfleisch von der Schale lösen, mit restlichem Limettensaft und Wasabi in eine Schüssel geben und mit einer Gabel zerdrücken.
4. Burgerbrötchen toasten, Avocado-WasabiCreme auf dem Boden verteilen, Gurke, Karotten und Gari darauflegen, Reis-Patty dazugeben und Algensalat und Sesam

darüber servieren. Mit dem Burgerdeckel verschließen und warm genießen.

47. Burger mit Käse und Speck

Zutaten:
- 250 g Hackfleisch
- 15 g geräucherte Speckscheiben
- 2 Hamburgerbrötchen
- 2 Salatblätter
- 2 Knoblauchzehen
- 2 Scheiben gelber Käse
- 2 Esslöffel Öl
- 1 rote Zwiebel
- 1 eingelegte Gurke
- 1 Ei
- 0,5 Teelöffel scharfe, gemahlene Chilischote
- 0,5 Teelöffel gemahlener Ingwer
- grüne Petersilie

- Salz
- Pfeffer

Vorbereitung:

1. Das Gemüse waschen und das Wasser abgießen. Zwiebel schälen und in dünne Scheiben schneiden. Die Brötchen halbieren und in einer heißen, fettfreien Pfanne anbraten.
2. Salatblätter legen und in Scheiben schneiden Zwiebel auf die gebräunten Brötchen. Den Räucherspeck ohne Fett in eine heiße Pfanne geben, anbraten und zu den restlichen Zutaten geben.
3. Das Hackfleisch in eine Schüssel geben, den geschälten und gepressten Knoblauch, die fein gehackte grüne Petersilie und die eingelegte Gurke in Würfel schneiden.
4. Anschließend diese Zutaten mit Pfeffer, Salz, gemahlenem Ingwer, Paprika bestreuen, dann das Ei dazugeben und das Ganze vorsichtig von Hand verkneten. Aus den vorbereiteten Zutaten Schnitzel formen und von beiden Seiten goldbraun braten.
5. Während Sie die andere Seite der Koteletts braten, legen Sie die gelben Scheiben darauf und braten Sie sie zugedeckt, bis der Käse

geschmolzen ist. Dann vom Herd nehmen, zu den Zutaten geben und die obere Hälfte des Schwarzbrotes darauf legen.

48. Grüner Dinkel-Burger

Zutaten
- 3 Schalotten
- 3 EL Butter
- 150 Grüner Dinkelschrot gemischt mit Dinkelschrot
- 500 ml Gemüsebrühe
- 50 g geriebener Gouda
- 20 g Petersilie (1 Bund)
- 100 g Sojaquark
- 1 EL Speisestärke
- 1 Ei

- 1 Protein
- Salz
- Pfeffer
- 1 Tomate
- ½ Zwiebel
- 2 Salatblätter
- 4 Burgerbrötchen
- 4 TL Mayonnaise
- 4 TL Ketchup

Vorbereitungsschritte

1. Schalotten schälen und hacken. 1 EL Butter in einer Pfanne erhitzen und Schalotten darin bei mittlerer Hitze glasig dünsten. Das zerkleinerte Getreide dazugeben und kurz anbraten, dann mit der Brühe ablöschen und bei schwacher Hitze ca. 10 Minuten quellen lassen. Käse einrühren, aus der Pfanne nehmen und abkühlen lassen.

2. Petersilie waschen, trocken schütteln, hacken und mit Quark, Stärke, Ei und Eiweiß verrühren. Mit Salz und Pfeffer würzen. Dann aus der Gründinkelmasse 4 Frikadellen formen und in einer Pfanne mit Butter von beiden Seiten goldbraun braten.

3. Tomaten waschen und in Scheiben schneiden. Zwiebel schälen und in Ringe schneiden. Salatblätter waschen und trocken tupfen.
4. Brötchen aufschneiden, toasten, untere Hälfte mit Mayonnaise bestreichen, Salatblätter darauf legen, Frikadellen auflegen, Tomatenscheiben und Zwiebelringe darüber gießen, dann etwas Ketchup und die obere Brötchenhälfte dazugeben.

49. Bohnen-Kichererbsen-Burger

Zutaten:

- 400 g schwarze Bohnen in einer Gurke
- 400 g Kichererbsen in Salzlake
- 200 g Mais in Salzlake
- 15 g geriebener gelber Käse
- 2 Tomaten
- 2 Burgerbrötchen
- 2 Blätter Chinakohl
- 2 Esslöffel Öl
- 2 Knoblauchzehen
- 1 Salat
- 1 rote Zwiebel **Vorbereitung:**

1. Die Brötchen halbieren. Alles Gemüse waschen und das Wasser abgießen. Zwiebel

schälen und in dünne Scheiben schneiden. Chinakohl fein hacken.

2. Bohnen, Kichererbsen und Mais aus der Gurke abtropfen lassen, dann jede dieser Zutaten in zwei Hälften teilen. Dann eine Hälfte der geteilten Zutaten mit einem elektrischen Mixer vermischen und mit der anderen Hälfte der gesamten Zutaten vermischen.

3. Den geriebenen Käse zu den gemischten Zutaten geben, alles noch einmal vermischen und dann von Hand kleine Koteletts formen. Den Knoblauch von der Haut schälen und in heißem Öl anbraten.

4. Die geformten Koteletts zum glasierten Knoblauch geben und bei schwacher Hitze zugedeckt braten, bis der Käse zu schmelzen beginnt. Dann vom Herd nehmen und in geschnittene Rollen geben. Geschnittene hinzufügenTomaten, Zwiebeln, Salat und Chinakohl.

50. Burger mit Pilzen, Käse, Sellerie und Apfel

Zutaten:

- 150 g Sellerie
- 15 g geriebener Käse
- 2 Äpfel
- 2 große Champignons
- 2 Scheiben Weizenbrot
- 2 Esslöffel Olivenöl
- 1 rote Paprika
- 1 Esslöffel Butter
- ein Bund frisches Basilikum
- Salz
- Pfeffer

Vorbereitung:

1. Gemüse und Obst waschen und aus dem Wasser gießen. Die Krusten von den

Brotscheiben entfernen und auf einen Teller legen.

2. Die Kerne entfernen, die Paprika in dünne Scheiben schneiden, dann mit 1 EL Olivenöl in eine Pfanne geben, mit einer Prise Salz bestreuen und 1,5 Minuten braten.

3. Das angebratene Fett abtropfen lassen und auf die Brotscheiben legen. Sellerie schälen und auf einer grobmaschigen Gemüsereibe reiben.

4. Die Äpfel schälen, entkernen, das Fruchtfleisch in kleine Würfel schneiden, mit dem geriebenen Sellerie mischen und 1 Esslöffel Olivenöl einfüllen.

5. Die gegossenen Zutaten mischen und zum Brot geben. Die Champignons putzen, 2 Tassen leicht gesalzenes Wasser hinzufügen, aufkochen und abtropfen lassen. Zwiebel schälen, würfeln und in heißer Butter anbraten.

6. Anschließend die Steinpilze auflegen, mit Pfeffer, Salz und geriebenem Käse bestreuen und in den auf 170 Grad Celsius vorgeheizten Backofen geben. Backen, bis der Käse schmilzt, dann aus dem Ofen

nehmen und in die Form geben. Alles mit Basilikumblättern dekorieren.

51. Tofu-Polenta-Burger

Zutaten
- 4 Vollkornbrötchen
- 400 g Tofu (in 4 gleichgroßen Scheiben)
- 4 Pflaumentomaten
- ½ Gurke
- 4 Blätter Lollo Biondo
- 1 EL Vollkornmehl
- 2 EL Maisgrieß
- 2 EL Vollkornbrösel
- 1 EL gehackte Petersilie
- Salz
- Pfeffer
- 2 EL Öl

Vorbereitungsschritte

1. Brötchen halbieren. Tofu abtropfen lassen und dann trocken tupfen. Tomaten waschen, Strunk entfernen und Tomaten in Scheiben schneiden. Gurke waschen und in sehr dünne Scheiben schneiden. Salatblätter putzen, waschen und trocken tupfen.

2. Mehl mit 3-4 EL Wasser vermischen. Die Maisgrütze mit den Semmelbröseln und der Petersilie mischen. Den Tofu salzen und pfeffern und die Mehlflüssigkeit und das Brot mit der Grieß-Krümel-Kräuter-Mischung unterrühren. Öl in einer heißen Pfanne erhitzen, dann die Patties 4-5 Minuten goldbraun braten.

3. Die untere Brötchenhälfte mit Tomaten, Gurken und Salat belegen und den TofuBurger darauf legen. Den Brötchendeckel aufsetzen und den Burger mit Ketchup servieren.

52. Quinoa-Gemüse-Burger

Zutaten:

- 200 g Mais in Salzlake
- 200 g schwarze Bohnen in einer Gurke
- 2 Esslöffel Öl
- 1 Tasse Quinoa
- 1 Handvoll frischer Spinat
- 1 Esslöffel Tomatenmark
- 1 Esslöffel Semmelbrösel
- 1 Teelöffel gemahlene Chilischote
- 1 Teelöffel granulierter Knoblauch
- 0,5 Teelöffel gemahlener Kreuzkümmel
- Salz

Vorbereitung:

1. Spinat waschen, abtropfen lassen und fein hacken. Den Mais und die schwarzen Bohnen aus der Gurke abtropfen lassen und zusammen in eine Schüssel geben.
2. Quinoa unter fließendem Wasser abspülen, in einen Topf geben, 2 Tassen leicht gesalzenes Wasser einfüllen und locker kochen. Nach dem Kochen Quinoa verdampfen und zu den abgetropften schwarzen Bohnen und dem Mais in eine Schüssel geben.
3. Gehackten Spinat, Semmelbrösel, Knoblauchgranulat, gemahlenen Kreuzkümmel, Chili zugeben und das Tomatenmark einfüllen.
4. Alles gut vermischen und von Hand kleine Koteletts daraus formen. In einer Pfanne in heißes Öl geben und bei mittlerer Hitze von beiden Seiten braten, bis sie braun werden. Dann vom Feuer nehmen und auf das Brett legen.

53. Tofu-Burger

Zutaten
- 200 g Kürbis
- 2 Frühlingszwiebeln
- 1 Knoblauchzehe
- 1 ½ el Olivenöl
- 2 Ahornsirup
- 1 Weißweinessig
- 1 kleine getrocknete Chilischote
- Salz
- Pfeffer
- 20 g Ingwer (1 Stück)
- 2 Joghurtsalatcreme

- 1 kleine Tomate
- 2 große Salatblätter (zB Lollo Bionda)
- 2 Vollkorn-Hamburgerbrötchen
- 250 g Tofu
- 2 Sesam

Vorbereitungsschritte

1. Den Kürbis schälen und bei Bedarf die Kerne entfernen. Das Kürbisfleisch in 5 mm große Würfel schneiden.
2. Frühlingszwiebeln putzen, waschen und fein hacken. Den Knoblauch schälen und hacken.
3. 1 EL Öl in einer Pfanne erhitzen, Zwiebelstücke und Knoblauch 3 Minuten farblos anbraten.
4. Ahornsirup zugeben und sofort den Essig einrühren.
5. Kürbiswürfel dazugeben, Chilischote zerbröseln und etwas Wasser dazugeben. Zugedeckt bei mittlerer Hitze ca. 12 Minuten leicht köcheln lassen (ggf. während der Kochzeit etwas Wasser hinzufügen). Mit Salz und Pfeffer würzen und beiseite stellen.
6. Ingwer schälen, fein reiben und mit der Sahne des Salats mischen.

7. Tomaten waschen, trockenreiben und den Strunk keilförmig herausschneiden. Die Tomate in Scheiben schneiden. Salatblätter waschen und trocken schütteln.
8. Die Hamburgerbrötchen halbieren und im Toaster oder unter dem heißen Grill leicht anbraten.
9. Tofu in 1 cm dicke Scheiben schneiden. In einer leicht geölten Grillpfanne 1-2 Minuten auf jeder Seite grillen.
10. Salat, Tomatenscheiben, Kürbiskompott und Ingwercreme auf die unteren Rollenhälften legen.
11. Die Tofuscheiben und die Brötchenhälften darauf legen. Mit Sesam bestreut servieren.

54. Burger in Tomatensauce

Zutaten:
- 3 Esslöffel Öl
- ein Bund frischer Spinat
- Pfeffer
- Salz

Burger:
- 400 g Hackfleisch
- 1 Zwiebel
- 1 Ei
- 1 Teelöffel gemahlener Koriander
- 1 Teelöffel getrockneter Thymian
- 0,5 Teelöffel gemahlene rote Chilischote

SOS:
- 6 Kirschtomaten
- 2 Esslöffel Tomatenmark
- 1 Teelöffel Tabasco-Sauce
- 1 Esslöffel Öl
- 1 Knoblauchzehe
- 0,5 Teelöffel gemahlener Senf

Vorbereitung:
1. Das Gemüse waschen und das Wasser abgießen. Den Spinat auf einen Teller geben.
2. Burger vorbereiten: Hackfleisch in eine Schüssel geben. Zwiebel schälen, fein hacken, in 1 EL Öl in einer Pfanne anbraten und in einer Schüssel zum Hackfleisch geben.

Fügen Sie ein Ei hinzu, fügen Sie gemahlenen Koriander, Chilischote und getrockneten Thymian hinzu. Mit einer Prise Salz und Pfeffer abschmecken und von Hand gut durchkneten. Aus den vorbereiteten Zutaten Schnitzel formen und in 2 EL heißem Öl in einer Pfanne von beiden Seiten goldbraun braten. Die gebratenen vom Herd nehmen, das Fett abtropfen lassen und zum Spinat auf dem Teller geben.

3. Soße vorbereiten: Kirschtomaten in kleine Würfel schneiden. Den Knoblauch von der Haut schälen, fein hacken und in 1 EL heißem Öl in einer Pfanne anbraten. Gehackte Tomaten zum glasierten Knoblauch geben, mit einer Prise Salz, Pfeffer, gemahlenem Senf bestreuen und 1,5 Minuten bei mittlerer Hitze anbraten. Dann das Tomatenmark zu den frittierten Zutaten geben, die Tabasco-Sauce dazugeben, umrühren und zugedeckt weitere 1,5 Minuten dünsten. Nach dieser Zeit alles vom Herd nehmen und die zuvor gebratenen Burger auflegen.

56. Kichererbsenburger vom Grill

Zutaten
- 100 g Bulgur
- 340 g Kichererbsen
- 1 Handvoll Salatblatt (zB Rucola, Endiviensalat)
- 8 Kirschtomaten
- 1 rote Zwiebel
- ½ Bund glatte Petersilie
- 2 weiße Zwiebeln
- 2 Knoblauchzehen
- Salz
- Pfeffer

- gemahlener Kreuzkümmel
- Chilipulver
- 20 g Dinkelvollkornmehl (1 EL)
- 1 TL Backpulver
- 50 g Vollkornbrösel
- ½ rote Paprika
- 3 Stängel Koriander
- 1 Ei
- 4 Vollkornbrötchen
- 5 g Butter (1 Teelöffel)

Vorbereitungsschritt

1. Für den Burger Bulgur nach Packungsanleitung kochen. Kichererbsen in ein Sieb gießen, unter fließendem Wasser abspülen, abtropfen lassen.
2. In der Zwischenzeit die Salatblätter waschen und trocken schleudern. Tomaten waschen, halbieren. Die rote Zwiebel schälen und in feine Ringe schneiden.
3. Petersilie waschen, trocken schütteln und die Blätter entfernen. Weiße Zwiebeln und Knoblauch schälen und grob hacken.
4. Kichererbsen, Bulgur, weiße Zwiebeln, Knoblauch und Petersilie in einem Mixer fein pürieren. Mit Salz, Pfeffer, Kreuzkümmel und Chilipulver gut würzen.

5. Mehl mit Backpulver und Semmelbrösel in einer Schüssel vermischen und mit der Kichererbsenmischung zu einem festen Teig verkneten.
6. Eine halbe Paprika putzen, waschen und fein würfeln. Koriander waschen, trocken schütteln und fein hacken. Paprika, Koriander und Ei unter die Kichererbsenmasse kneten und abschmecken.
7. Aus der Masse 4 große Burger formen und auf dem heißen Grill von beiden Seiten ca. 15 Minuten goldbraun grillen, dabei ab und zu vorsichtig wenden.
8. In der Zwischenzeit die Rollen halbieren. Butter in einer beschichteten Bratpfanne erhitzen und die Brötchen auf der Schnittfläche goldbraun rösten.
9. Auf 4 Teller je 2 Rollenhälften legen, mit Salat belegen, salzen und pfeffern. 4 Tomatenhälften und ein paar Zwiebelringe auf jede Hälfte und Kichererbsenburger auf die andere Hälfte legen und sofort servieren.

57. Cheeseburger mit Gemüse

Zutaten:

- 100 g geriebener Gouda-Käse
- 3 Esslöffel Öl
- 2 Tomaten ☐ 1 Baguette
- 1 Aubergine
- grüne Petersilie
- Salz
- gemahlener schwarzer Pfeffer
- grüner Dill **Vorbereitung:**
1. Alle Gemüse und Kräuter waschen und abtropfen lassen. Tomaten und Auberginen in dünne Scheiben schneiden. Baguette in 1 cm dicke Scheiben schneiden und mit Öl beträufeln.

2. Anschließend mit geriebenem Goudakäse bestreuen und die zuvor gehackten Tomaten darauf legen. Eine weitere Schicht geriebenen Käse und Auberginen darauf legen.
3. Alles mit einer Prise Salz und Pfeffer bestreuen, dann in einen auf 175 °C vorgeheizten Backofen geben und backen, bis sich der Käse vollständig aufgelöst hat. Wenn der Käse geschmolzen ist, aus dem Ofen nehmen, auf einen Teller legen und mit gehackter grüner Petersilie und Dill bestreuen.

58. Veganer Burger mit Kichererbsen-Patty

Zutaten
- 2 große, gelbe Erbstücktomaten
- 4 Gurken
- 1 Handvoll Babyspinat
- 1 grüne Peperoni
- 1 Schalotte
- 3 braune Champignons
- 240 g Kichererbsen (Glas; Abtropfgewicht)
- 3 EL feine Haferflocken
- 1 EL Tahin
- Salz
- Pfeffer
- 1 EL Olivenöl
- 4 Mehrkornbrötchen

Vorbereitungsschritte
1. Tomaten waschen, Stielansatz herausschneiden und Tomaten in ca. 1cm dicke Scheiben. Gurken abtropfen lassen und mit einem farbigen Messer in Scheiben schneiden. Spinat waschen und trocken schleudern. Einige Blätter fein hacken. Paprika waschen, entkernen und fein hacken. Die Schalotte schälen und fein hacken. Die Champignons putzen und so klein wie möglich würfeln. Kichererbsen abgießen und abtropfen lassen. Dann fein pürieren und in

einer Schüssel mit dem gehackten Spinat, Paprika und Champignons mischen.

Haferflocken und Tahini dazugeben und gut mit Salz und Pfeffer würzen. Die Masse gut durchkneten und etwa 10 Minuten ziehen lassen. Wenn es danach noch zu weich ist, noch ein paar Haferflocken hinzufügen. Aus der Masse 4 Patties formen.

2. Olivenöl in einer Pfanne erhitzen und die Patties darin ca. 3 Minuten von beiden Seiten braten. Die Brötchen halbieren und mit ein paar Blattspinat, Tomaten,

Essiggurken und je einem Patty belegen. Die Oberseite des Roll-on-Tops auflegen, nach Belieben mit einem Spieß fixieren und servieren.

59. Pilz-Zwiebel-Burger mit Salat

Zutaten:

- 2 Rollen normalerweise
- 2 große Champignons
- 2 Zwiebeln
- 1 Teelöffel getrockneter Thymian
- 1 Esslöffel brauner Zucker
- 0,5 Tassen roter halbsüßer Wein
- 0,5 Teelöffel gemahlener Kreuzkümmel
- Frittieröl
- Salz
- Pfeffer

Salat:

- 2 Birnen
- 2 Tassen kochendes Wasser
- 1 Viertel Rotkohl

- 1 Esslöffel Olivenöl
- 0,5 Tassen gemahlene Walnüsse
- 0,5 Teelöffel Puderzucker
- ein Bund Rucola **Vorbereitung:**

1. Gemüse, Birnen und Champignons waschen und abtropfen lassen. Die Rucola auf einem Teller anrichten. Die Brötchen halbieren und zum Rucola auf dem Teller geben. Entfernen Sie die Membranen und Stäbchen von den Pilzen, bestreuen Sie sie mit einer Prise Salz und legen Sie sie in das heiße, tiefe Öl in der Pfanne. Die Champignons bei mittlerer Hitze anbraten, bis sie golden werden. Das Braun vom Herd nehmen, das Fett abtropfen lassen und zu den geschnittenen Brötchen geben. Die Zwiebeln von der Haut schälen, in dünne Scheiben schneiden und in 3 EL heißem Öl in einer weiteren Pfanne anbraten. Gießen Sie getrockneten Thymian, gemahlenen Kreuzkümmel und braunen Zucker in die glasierte Zwiebel. Die Zutaten mischen und braten, bis sich der Zucker aufgelöst hat.

Dann den Rotwein dazugießen und zugedeckt köcheln lassen, bis die Hälfte des Weines verdampft ist. Dann vom Feuer nehmen,

2. Salat vorbereiten: Rotkohl auf einer grobmaschigen Gemüsereibe zerkleinern, auf ein Sieb geben, mit kochendem Wasser überbrühen, in eine Schüssel geben und mit Puderzucker bestreuen. Die Birnen aus den Kernen entfernen, in kleine Stücke schneiden und zum Kohl in eine Schüssel geben. Die zerdrückten Walnüsse dazugeben, das Ganze mit Olivenöl beträufeln, mischen und auf einen Teller geben.

60. Linsenburger

Zutaten
- 250 g rote Linsen
- 1 Knoblauchzehe

- 1 kleine, rote Spitzpaprika
- 3 EL Sojamehl
- 80 g Haferflocken
- Salz
- Pfeffer
- ½ TL Kurkuma
- ½ TL Kreuzkümmel
- 2 EL Rapsöl
- 4 Dinkelvollkornbrötchen
- 80 g veganer Frischkäse
- 1 Handvoll gehackte gemischte Kräuter
- 4 Blatt Friséesalat
- 1 Handvoll Feldsalat
- 1 Tomate

Vorbereitungsschritte

1. Die Linsen etwa 15 Minuten weich kochen, dann abtropfen lassen. Inzwischen Knoblauch schälen und fein hacken. Paprika waschen, putzen und möglichst klein würfeln. Linsen halbieren und mit Knoblauch, Paprika, Sojamehl, 3 EL Wasser und Haferflocken mischen. Die restlichen Linsen dazugeben und die Mischung gut mit Salz, Pfeffer, Kurkuma und Kreuzkümmel würzen.

2. Aus der Masse Frikadellen formen. Öl in einer Pfanne erhitzen und die Frikadellen ca. 4 Minuten von beiden Seiten anbraten.
3. Die Brötchen halbieren. Den veganen Frischkäse mit den gehackten Mischkräutern mischen und die Brötchenoberseiten damit bestreichen. Salat waschen und trocken schütteln. Tomate waschen und in Scheiben schneiden.
4. Die Salatblätter auf die unteren Brötchenhälften legen, darauf die Frikadellen, Tomatenscheiben und den Feldsalat legen. Den Brötchendeckel aufsetzen und servieren.

61. Sojaburger

Zutaten
- 200 g getrocknete Sojabohnen
- Zwiebel
- 10 g Ingwer
- 1 rote Chilischote
- 1 EL Koriandergrün (frisch gehackt)
- 60 g Vollkornbrösel
- 1 Ei
- Salz
- Pfeffer
- 2 EL Sojaöl
- 2 EL Mayonnaise
- 2 EL körniger Senf
- 6 Blätter Lollo Bionda
- 200 g Gurke
- ½ Kastengartenkresse
- 4 Vollkornbagels

Vorbereitungsschritte
1. Die Sojabohnen über Nacht in reichlich Wasser einweichen. Am nächsten Tag das Einweichwasser abgießen und in frischem Wasser ca. 1,5 Stunden weich kochen.
2. In der Zwischenzeit Zwiebel und Ingwer schälen und beides fein hacken. Chili längs halbieren, entkernen, waschen und hacken.

3. Sojabohnen abgießen, gut abtropfen lassen und mit dem Stabmixer zerkleinern. Das Sojapüree mit Zwiebel, Ingwer, Chili, Koriander und Semmelbrösel mischen. Das Ei einrühren und mit Salz und Pfeffer würzen. Alles gut durchkneten.
4. Aus der Masse 4 Patties formen und nacheinander braten. Dazu das Öl in einer Pfanne erhitzen. Die Patties dazugeben und von jeder Seite 4-5 Minuten bei mittlerer Hitze goldbraun braten.
5. Mayonnaise mit Senf mischen. Salat waschen, trocken schütteln und kleiner zupfen. Gurke waschen und in feine Scheiben schneiden. Schneiden Sie die Kresse aus dem Bett.
6. Die Bagels aufschneiden, die Unterseite mit Salatblättern bedecken und mit Mayonnaise bedecken. Die Unterseite mit Patty, Gurkenscheiben und Kresse bedecken. Deckel auflegen und sofort servieren.

62. Bohnen-, Pfeffer- und Kartoffelburger

Zutaten:
- 2 Esslöffel Olivenöl ☐ 2 normale Brötchen
- 2 Gesims
- 2 Scheiben Cheddar-Käse
- Salz
- Pfeffer

Burger:
- 400 g schwarze Bohnen in einer Gurke
- 4 Kartoffeln
- 1 Zwiebel
- 1 Ei
- 1 grüne Paprika
- 1 Esslöffel Tomatenmark

- 0,5 Teelöffel Kartoffelgewürze
- 0,5 Teelöffel Bohnengewürze
- 0,5 Teelöffel getrockneter Koriander

Vorbereitung:

1. Die Gurken in dünne Scheiben schneiden. Gewöhnliche Brötchen, halbieren und auf 2 EL heißem Öl in einer Pfanne bei mittlerer Hitze anbraten, dann vom Herd nehmen.
2. Burger zubereiten: Kartoffeln gründlich unter fließendem Wasser schrubben, in einen Topf geben, Wasser aufgießen, damit sie nicht herausstehen und im Mantel weich kochen. Nach dem Garen abgießen, schälen und in eine Schüssel würfeln.
3. Die Paprika entkernen, fein würfeln und zu den Kartoffeln in eine Schüssel geben. Die Bohnen aus der Salzlake abtropfen lassen und mit einem Stößel zerdrücken.
4. Die Zwiebel von der Haut schälen, würfeln und zu den Zutaten in eine Schüssel geben, dann das Tomatenmark dazugeben und das Ei verquirlen. Mit einer Prise Salz, Pfeffer, Bohnengewürz, Kartoffelgewürz, getrocknetem Koriander abschmecken und mischen.

5. Aus den gemischten Zutaten Koteletts formen und im restlichen heißen Öl in der Pfanne goldbraun braten. Während Sie die andere Seite der Schnitzel braten, legen Sie Cheddar-Käsescheiben darauf und braten Sie, bis der Käse zu schmelzen beginnt.

63. Käse- und Kartoffelburger

Zutaten:
- 200 g Hüttenkäse
- 4 Scheiben Brot
- 4 Pilze
- 2 Eier
- 2 Karotten
- 2 Knoblauchzehen
- 2 Esslöffel dicke saure Sahne
- 1 kg Kartoffeln
- 1 Esslöffel rote Oliven in Marinade
- 1 rote Paprika
- 0,5 Tassen geriebener Käse

- grüne Petersilie
- Frittieröl
- Salz

Vorbereitung:

1. Das Brot mit Öl bestreichen und bei mittlerer Hitze in einer heißen Pfanne anbraten. Das Braun vom Herd nehmen und auf einen Teller legen. Gemüse und Champignons waschen und aus dem Wasser abtropfen lassen. Die Samen von der Paprika entfernen und in kleine Stücke schneiden. Die Champignons schälen und in dünne Scheiben schneiden. Die grüne Petersilie fein würfeln.

2. Die Kartoffeln und Karotten mit Wasser bedecken und zusammen mit der Haut weich kochen. Nach dem Garen abgießen und schälen. Das geschälte Gemüse und den Hüttenkäse durch einen Fleischwolf geben.

3. Zu den passierten Zutaten den geriebenen Käse, die gehackte grüne Petersilie (etwas auf dem Teller bestreuen), die Eier hinzufügen, mit Pfeffer und Salz abschmecken und gründlich mischen.

4. Aus den gemischten Zutaten von Hand Koteletts formen und in der Pfanne in

heißem, tiefen Öl von beiden Seiten goldbraun braten. Das Gebratene, das Fett abtropfen lassen und auf das Brot legen, dann die saure Sahne darüber gießen.

5. Den Knoblauch von der Haut schälen, fein hacken und auf 2 EL heißem Öl in einer Pfanne anbraten. Gehackte Champignons und Oliven, die aus der Salzlake abgetropft wurden, hinzufügen.

6. Die Zutaten 1,5 Minuten bei mittlerer Hitze anbraten, dann vom Herd nehmen und zum Ganzen geben. Das fertige Gericht mit gehacktem Paprika und der grünen Petersilie bestreuen und dann vom Feuer nehmen und zum Ganzen geben. Das fertige Gericht mit gehacktem Paprika und der grünen Petersilie bestreuen und dann vom Feuer nehmen und zum Ganzen geben.

7. Das fertige Gericht mit gehackter Paprika und grüner Petersilie bestreuen

64. Steakburger mit Rotkohl

Zutaten
- 200 g Rotkohl (1 Stück)
- 2 rote Zwiebeln 3 EL
- Rotweinessig
- 2 TL Honig
- 4 EL Olivenöl
- Salz
- Pfeffer
- 600 g Flanken- oder Rumpsteak (1 Flanken- oder Rumpsteak)
- grobes Meer Salz
- 4. Runde Roggenvollkornbrötchen

Vorbereitungsschritte
1. Rotkohl putzen, waschen und in feine Streifen schneiden. Zwiebeln schälen, 1 in Streifen schneiden; Den zweiten in Ringe schneiden und beiseite stellen.
2. Rotkohl mit Zwiebelstreifen, Essig, Honig und Olivenöl verkneten, mit Salz, Pfeffer würzen und 30 Minuten ziehen lassen.
3. In der Zwischenzeit das Steak trocken tupfen, mit Meersalz würzen und in einer heißen Grillpfanne von beiden Seiten 5-7 Minuten bei starker Hitze anbraten. Steak aus der Pfanne nehmen, 5 Minuten ruhen lassen und mit Pfeffer würzen.
4. In der Zwischenzeit die Roggenröllchen waagerecht halbieren.
5. Das Fleisch in Streifen schneiden. Die Brötchen mit dem abgetropften Rotkohlsalat, Steakstreifen und Zwiebelringen belegen und den Brötchendeckel nach Belieben mit Holzstäbchen befestigen.

65. Käse- und Pita-Burger

Zutaten:
- 20 g Sandwich-Hüttenkäse
- 4 Tomaten
- 2 Fladenbrote
- 2 Blätter grüner Salat
- 2 Esslöffel Öl
- 1 rote Zwiebel
- 0,5 Tassen warmes Wasser
- Salz
- Pfeffer

Für Burger:
- 200 g Hackfleisch
- 2 Knoblauchzehen

1 Ei
- 1 Teelöffel fein gehackte Minze
- 1 Teelöffel getrockneter Oregano
- 0,5 Teelöffel gemahlener Piment

Vorbereitung:

1. Das Gemüse waschen und das Wasser abgießen. Den Salat auf einen Teller geben. Tomaten in Scheiben schneiden. Zwiebel schälen und in dünne Scheiben schneiden. Das Fladenbrot mit warmem Wasser einweichen, in eine heiße Pfanne ohne Fett geben und von jeder Seite 40 Sekunden braten. Gebratenes zum Salat geben.

2. Burger zubereiten: Hackfleisch in eine Schüssel geben, gehackte Minze, getrockneten Oregano, gemahlenen Piment zugeben, mit einer Prise Salz und Pfeffer abschmecken und ein Ei dazugeben. Das Ganze von Hand durchkneten, dann zu Koteletts formen. Alles in eine Pfanne mit heißem Öl geben und von beiden Seiten goldbraun braten. Das Gebratene vom Herd nehmen und zu den Zutaten geben. Dann den Sandwichkäse und das gehackte Gemüse dazugeben.

66. Burger mit Avocado, Käse und roter Beete

Zutaten:
- 250 g Hackfleisch
- 2 Burgerbrötchen
- 2 große Rote Bete
- 2 Knoblauchzehen
- 2 Avocados
- 2 Essiggurken Gurken
- 2 Tomaten
- 2 Scheiben Käse
- 1 Salatkopf
- 1 Ei
- Frittieröl
- Salz

Pfeffer

Vorbereitung:

1. Wasche alles Gemüse und Obst und gieße es aus dem Wasser. Gießen Sie 3 Tassen Wasser über die Rote Bete, kochen Sie sie mit der Haut, lassen Sie sie abtropfen, schälen Sie sie und reiben Sie sie auf einer Gemüsereibe mit groben Maschen. Die Brötchen halbieren. Tomaten in dünne Scheiben schneiden. Schälen Sie die Haut, schneiden Sie die Avocado, entfernen Sie den Stein und pürieren Sie das Fruchtfleisch mit einem Mixer. Den Knoblauch von der Haut schälen, durch die Presse geben und mit dem Hackfleisch vermischen. Dann ein Ei dazugeben, mit Pfeffer und Salz abschmecken und dann von Hand gründlich durchkneten. Aus der vorbereiteten Masse flache Koteletts formen und in einer Pfanne in 4 EL heißem Öl bei mittlerer Hitze von beiden Seiten goldbraun braten. Das Gebratene vom Herd nehmen und das Fett abtropfen lassen. Legen Sie die Käsescheiben, in Scheiben geschnitten
Tomaten und gebratene Koteletts auf den

Salatblättern. Fügen Sie die gemischte Avocado hinzu und wickeln Sie es mit Salat ein. Mit Roter Bete und Gewürzgurken servieren.

67. Pilzburger

Zutaten:
- 300 g Hackfleisch
- 20 g Champignons
- 4 Scheiben Parmesankäse
- 4 Esslöffel Öl
- 2 Zwiebeln
- 2 Burgerbrötchen
- 1 Tomate
- 1 Ei
- 1 Teelöffel gemahlener Koriander

- 0,5 Teelöffel gemahlener Majoran
- 0,5 Teelöffel gemahlener Thymian
- Salz
- Pfeffer

Vorbereitung:

1. Tomaten und Champignons waschen und aus dem Wasser gießen. Die Tomate in dünne Scheiben schneiden, die Schale von den Champignons entfernen und in Stücke schneiden. Die Zwiebel von der Haut schälen. Eine Zwiebel würfeln und in eine Schüssel geben und die andere in dünne Scheiben schneiden. Die Brötchen halbieren und auf einen Teller legen. Das Hackfleisch mit der gewürfelten Zwiebel mischen, das Ei dazugeben, den gemahlenen Koriander, Majoran und Thymian dazugeben. Von Hand kneten und zu Koteletts formen, dann in 2 EL heißem Öl in einer Pfanne anbraten und von beiden Seiten goldbraun braten. Beim Braten der anderen Seite der Koteletts (wenn sie gebräunt ist) die Parmesanscheiben hinzufügen, dann alles mit einem Deckel abdecken und bei mittlerer Hitze braten, bis der Käse geschmolzen ist.

Dann vom Feuer nehmen und die geschnittenen Brötchen auflegen und die gehackte Tomate darauf legen. Zwiebel anbraten, dann die gehackten Champignons dazugeben, mit einer Prise Salz und Pfeffer bestreuen und 2 Minuten bei mittlerer Hitze braten. Das Gebratene vom Herd nehmen und zum Ganzen hinzufügen.

68. Burger mit Fladenbrot und Gemüse

Zutaten:

- 2 Tomaten
- 2 Salatblätter
- 2 Esslöffel Öl
- 1 Fladenbrot
- 1 Rote Bete
- Salz
- Pfeffer

Burger:

- 400 g Hackfleisch
- 1 rote Zwiebel
- 1 Esslöffel Öl
- 1 Esslöffel Semmelbrösel
- 1 Ei

- 1 Knoblauchzehe
- 0,5 Teelöffel gemahlener Koriander

Vorbereitung:

1. Das Gemüse waschen und das Wasser abgießen. Tomaten in dünne Scheiben schneiden. Die Rote Bete in einen Topf geben, mit Wasser übergießen, damit sie nicht übersteht, die Haut weich kochen und abtropfen lassen. Dann schälen und in dünne Scheiben schneiden. Die Pita in eine heiße Pfanne ohne Fett geben und 1 Minute von beiden Seiten braten. Dann vom Herd nehmen, halbieren und auf einen Teller legen. Salatblätter und gehackte Tomaten darauf legen

2. Bereiten Sie die Burger zu: Geben Sie das Hackfleisch in eine Schüssel und geben Sie die Semmelbrösel dazu. Knoblauch und Zwiebel von der Haut schälen, fein schneiden und in heißem Öl in einer Pfanne anbraten.

Die glasierten Zutaten mit den Semmelbröseln zum Fleisch geben. Dann das Ganze mit einer Prise Salz, Pfeffer, gemahlenem Koriander abschmecken, dann ein Ei dazugeben und von Hand verkneten. Aus den vorbereiteten Zutaten Koteletts

formen und in einer Pfanne in heißem Öl von beiden Seiten goldbraun braten. Dann vom Herd nehmen und in die Schüssel geben.
3. Auf die fertigen Burger die Rote-BeteScheiben legen und alles mit Pfeffer bestreuen.

69. Indischer Burger

Zutat
- Hackfleisch - 500 g Kalbfleisch
- Knoblauch - 2 TL. Boden
- Ingwer - 2 TL. Boden
- Koriander - 1 kleiner Link
- Peperoni - 2 Stk. Grün
- Brot - 2 Scheiben in Wasser getaucht
- Koriander - 1 TL. zu Staub
- Kreuzkümmel - ½ TL
- Garam Masala - 1 TL.
- Zitronensaft - 1 TL.
- Brote - 4 Stk. für Burger
- Öl zum braten
- Öl - zum Verteilen

- Tomaten - 2 Stk. schneiden
- Zwiebel - 1 Kopf

Vorbereitung

1. In einer tiefen Schüssel Hackfleisch, Ingwer, Knoblauch, gehackten Koriander, Peperoni, abgetropftes Brot, Salz und Zitronensaft sowie alle Gewürze mischen.
2. Gut mischen und Burger formen. Öl in einer Grillpfanne (vielleicht einer normalen Pfanne) erhitzen und die Burger braten, bis sie fertig sind.
3. Während des Bratens die Burgerkuchen halbieren, grillen und mit Butter einfetten.
4. In jeden Laib einen Burger geben, Zwiebel- und Tomatenscheiben darauf verteilen. Eventuell mit Salz abschmecken und sofort servieren.

70. Burger mit Tomaten und Oliven

Zutat
- Brote - 4 Stk. Vollkorn oder Weiß
- Tomaten - 2 Stk. reifen
- Oliven - 100 g der Mischung
- Wurst - 100 g Wurst oder andere. Millionen
- Käse - 200 g Gouda, Cheddar oder gelber Käse
- Olivenöl

Vorbereitung
1. Die Oliven entkernen und in Kreise schneiden. Bei Bedarf mit etwas Salz bestreuen und mit Olivenöl mischen.
2. Die Brote halbieren und etwas Olivenöl auf dem Boden verteilen. Auf jede Scheibe Käse

geben, dünne Wurstscheiben darauf verteilen und mit Oliven bestreuen.
3. Die Brote in einem starken Ofen backen, bis der Käse geschmolzen ist.
4. Währenddessen die Tomaten in kleine Stücke schneiden.
5. Die Burger aus dem Ofen nehmen, die Tomaten darauf verteilen und mit der Oberseite des Brotes bedecken.
6. Viel Spaß mit diesem Burger mit Tomaten und Oliven.

REZEPTE FÜR EINEN PERFEKTEN SNACK

71. Funktioneller Hamburger

Zutaten
- 400 g mageres Rinderhackfleisch (ich verwende Patino)
- 1 Eiweiß
- 1 kol. (Suppe) von Chiasamen
- 1 kol. (Nachtisch) Leinsamenmehl (oder Quinoa-Flocken)
- 1/2 mittelgroße Zwiebel in Würfeln

- 1/4 Tasse. (Tee) gehackte Petersilie
- Salz und schwarzer Pfeffer nach Geschmack

Beilagen
- 4 Hamburgerbrötchen, vorzugsweise Vollkorn
- 4 kol. (Nachtisch) Frischkäse hell
- 4 Tomatenscheiben
- Salatblätter

Wie vorzubereiten

1. In einer tiefen Schüssel Fleisch, Eiweiß, Chia, Leinsamenmehl, Zwiebel und Petersilie vermischen. Mit Salz und Pfeffer würzen. In vier gleiche Teile teilen und zu einer Hamburgerform formen. In einer beschichteten Pfanne den Hamburger von beiden Seiten ölfrei anbraten. Um das Sandwich zusammenzustellen: Streichen Sie den Frischkäse auf einem der Brotstücke und fügen Sie den Salat, die Tomate und den Hamburger hinzu. Schließen Sie das Sandwich und servieren Sie es sofort. Ah! Sie können dort auch das Mikrowellen-LowCarb-Brot zubereiten.

72. Fit Chicken Burger mit Haferflocken

Zutaten
- 350 Gramm Hähnchenbrust (gemahlen)
- 1/2 gehackte Zwiebel
- 2 Knoblauchzehen
- Schnittlauch nach Geschmack
- 2 Esslöffel Haferflocken
- süßer Paprika nach Geschmack
- Schwarzer Pfeffer und Salz nach Geschmack
- Olivenöl (um die Hände einzufetten und zu braten)

Vorbereitung
1. In einem Mixer oder einer Küchenmaschine das Hühnchen (bereits gemahlen), die Zwiebel, den Knoblauch, den Schnittlauch hinzufügen und zu einem Teig schlagen.
2. In einen großen Behälter umfüllen, Haferflocken, süße Paprika, Pfeffer, Salz hinzufügen und gut mischen.
3. Ölen Sie Ihre Hände und beginnen Sie, die Hamburger auf die gewünschte Größe zu formen.
4. Legen Sie sie für 20 Minuten in den Gefrierschrank.
5. Einen Schuss Öl in eine Pfanne geben und die Hamburger von beiden Seiten anbraten.
6. Jetzt nur servieren. Genieße dein Essen.

73. Schweinefleischburger mit Gurkenrelish

Zutaten

Für 4 Hamburger:

- 300 g Schweinefilet
- 1/2 kleine Zwiebel
- 3 Knoblauchzehen
- Salz und schwarzer Pfeffer nach Geschmack
- 4 Sesam-Hamburgerbrötchen
- 8 dünne Tomatenscheiben
- 4 gehackte knusprige oder gehackte Salatblätter
- Parmesanchips

- Gurken-Geschmack *Passend dazu:*
- 12 kleine Asterix-Kartoffeln
- 2 Liter Wasser
- Salz
- Salzblume (optional)
- Frittieröl
- 4 gekühlte Flaschen Bamberger Pilsen

Zubereitungsart

Schweinefleisch-Burger

1. Zwiebel und Knoblauch in eine Küchenmaschine geben und pürieren. Dann das Fleisch dazugeben und rühren, bis es sehr klein ist und mit der Zwiebel und dem Knoblauch gut vermischen. (Wenn Sie möchten, können Sie das Fleisch bereits gemahlen kaufen und nur die Zwiebel und den Knoblauch mischen).
2. Aus dem Fleisch 4 Kugeln formen und jede zu den Hamburgern flach drücken. Mit Salz und Pfeffer abschmecken. Lassen Sie das Fleisch vor dem Braten 20 Minuten im Gefrierschrank.
3. Erhitzen Sie die Pfanne und braten Sie die Hamburger bis zum gewünschten Punkt.
4. Die Brötchen halbieren und im Ofen bei 210°C ca. 5 Minuten rösten.

Kartoffeln:
1. Bringen Sie das Wasser zum Kochen und schneiden Sie die Kartoffeln der Länge nach in 8 Teile. Wenn das Wasser zu kochen beginnt, fügen Sie die Kartoffeln und das Salz hinzu. 15 Minuten kochen. Abgießen und beiseite stellen.
2. Das Öl auf mittlere Temperatur erhitzen. Die Kartoffeln langsam goldbraun braten. Aus Öl entfernen und auf saugfähiges Papier legen.
3. Mit Fleur de Sel und Pfeffermischung würzen.

74. Beef Burger mit Quinoa

Zutaten
- ½ kg mageres Rindfleisch (Entenküken)
- 3 Knoblauchzehen
- 1 Zwiebel
- Salz und Pfeffer nach Geschmack
- 3 Esslöffel Quinoa-Flocken

Zubereitungsart
1. Zutaten sehr glatt rühren.
2. Fetten Sie Ihre Hände mit etwas Öl ein und formen Sie die Hamburger mit der Hand oder verwenden Sie nach Belieben einen AluAusstecher.

3. Um den Hamburger würziger und nahrhafter zu machen, können Sie Karotten, Zucchini, Rüben und Petersilie hinzufügen. Kinder werden es sehr lieben.
4. Quinoa kann auch Hafer, Amaranth oder Leinsamen ersetzen.
5. Rindfleisch kann durch Hühnchen, Fischfilet oder strukturiertes Sojaprotein (Sojabohnenfleisch) ersetzt werden.
6. Zum Einfrieren wickeln Sie die HamburgerPortionen einfach in Plastikfolie oder Aluminium ein. Sie können bis zu 6 Monate eingefroren werden.
7. Ich hoffe der Tipp gefällt dir.

75. Krabbenburger

Zutaten

- 500 g Krabbenfleisch (ich habe den eingelegten gefrorenen Eintopf verwendet, weil ich ihn damals hatte)
- 1/4 rote Zwiebel
- 2 Knoblauchzehen
- 1/4 Paprikamark (Pfeffer auf dem Herd rösten und Haut und Kerne entfernen)
- Würziger Paprika nach Geschmack
- gehackter Koriander nach Geschmack
- 1 Ei
- Semmelbrösel zum Einschalten (maximal 1 Tasse)
- Pfeffer nach Geschmack
- Salz nach Geschmack

- Halber Zitronensaft *für die geheime Soße*
- 3 Eigelb
- 100ml Öl
- 2 Knoblauchzehen
- 3 gehackte Gurkengurken
- 2 Esslöffel gehackte Kapern
- Petersilie
- 1 Esslöffel Dijon-Senf
- Salz und Pfeffer nach Geschmack
- Verzierungen
- Mozzarella Käse
- Ei oder Sesambrot
- Kopfsalat
- Tomate
- Spezialsauce **Vorbereitung** *für die Hamburger*

1. Tauen Sie das Krabbenfleisch auf, lassen Sie das gesamte Wasser ab, ja, es wird viel Wasser freigesetzt. Mit Salz und Pfeffer würzen. Fügen Sie die Zwiebel und den gewürfelten Knoblauch, die Pfefferpaste, das Ei, die Zitrone und den Koriander hinzu. Mischen Sie alles, bis es einheitlich ist. Fügen Sie das Mehl nach und nach hinzu, bis Sie den Punkt erreicht haben. Achtung, es muss feucht bleiben, denn was die

FleischHamburger kleben lässt, ist das Fleischfett, das bei diesem Vorgang nicht vorhanden ist. Daher müssen Sie es von Hand oder mit einem Metallring formen. In einer Pfanne etwas Öl hinzufügen und die Hamburger anbraten. Die Käsescheiben darauflegen und zum Schmelzen in den Ofen geben.

2. Für die Spezialsauce das Eigelb mit einem Schneebesen hellgelb schlagen und das Öl in einem Strang wie bei Mayonnaise dazugeben, bis eine gleichmäßige Creme entsteht. Wenn Sie einen Mixer haben, ist es jetzt an der Zeit, ihn zu verwenden. Dann die Gewürze, Knoblauch, Salz, Petersilie und Senf dazugeben. Zum Schluss Gurkengurken und fein gehackte Kapern hinzufügen. Alles vermischen und in einem abgedeckten Behälter im Kühlschrank abkühlen lassen.

3. Legen Sie das Brot in den Ofen, gebrochen zum Toasten in zwei Hälften. Die beiden Scheiben mit der Sauce bestreichen und den Hamburger mit dem geschmolzenen Käse, einem Salatblatt und zwei Tomatenscheiben darauf legen. Zur Begleitung können Sie Ringe aus Tintenfisch-Doré machen.

76. Hamburger mit Doritos

Zutaten
- 1 Brötchen für Hamburger
- 120g Hackfleisch
- 1 Teelöffel Pfeffersauce
- Salz und schwarzer Pfeffer nach Geschmack
- 1/2 Chilischote gehackt kernlos
- 30g Gouda-Käse mit Landana-Chili-Pfeffer
- Amerikanischer Salat nach Geschmack
- Tomaten nach Geschmack
- 1 Esslöffel Mayonnaise
- 1 Esslöffel Öl
- 1/2 Esslöffel Butter
- 30g Doritos

Vorbereitung
1. Das Hamburgerbrötchen halbieren und das Innere in einer heißen beschichteten Pfanne rösten, bis es gebräunt ist. Reservieren.
2. Das Fleisch mit Salz, schwarzem Pfeffer, Chili und Pfeffersauce würzen (wer zu viel nachdenkt, einfach eine Sorte Pfeffer verwenden). Forme den Hamburger so, dass er größer als dein Brötchen ist, da das Fleisch in der Pfanne leicht schrumpft.
3. Verteilen Sie Mayonnaise auf Ihrem Brot und lassen Sie es mit dem Salat und der Tomate.
4. Hamburger lecker
5. Öl und Butter in die beschichtete Bratpfanne geben, heiß ist, Hamburger auflegen und auf einer Seite anderthalb Minuten bräunen lassen, umdrehen, Käse dazugeben, ein paar Tropfen Wasser darüberträufeln Dampf machen und die Pfanne 1 Minute zudecken, bis der Käse schmilzt. Aus der Pfanne nehmen und sofort in das Sandwich legen, mit den Doritos abschließen. Sofort servieren.

77. Vegetarische Burger

Zutaten
- 1 Päckchen vegane Burger (2 Stück)
- 1 Karotte (grob gerieben)
- 1 Zwiebel (klein) ☐ 1/4 Gurke
- Cocktailtomaten
- 1 Paprika (grün)
- Cocktail Sauce **Vorbereitung**

1. Die Karotte grob reiben. Gurke in Scheiben schneiden. Die Cocktailtomaten halbieren. Die Zwiebel in Ringe schneiden. Paprika in Streifen schneiden.
2. Die veganen Burger heiß anbraten.

3. Währenddessen die Brötchenhälften toasten. Zuerst die Gurkenscheiben, dann die geriebenen Karotten und Zwiebeln in die untere Hälfte des warmen Brötchens legen.
4. Die heißen Burger darauf legen und mit Tomaten und Paprika belegen.
5. Mit einer Cocktailsauce nach Wahl toppen, die Burgerbrötchen versiegeln und die Burger servieren.

78. Grillburger mit Zwiebelringen

Zutat
- 400 g Rinderhacksteak
- 140 g (1 Tasse) Allzweckmehl

- 240 ml (1 Tasse) Mineralwasser
- ½ Teelöffel scharfer Paprika
- 1 Zwiebel
- 2 große dicke Scheiben Cheddar-Käse
- 6 Esslöffel Barbecue-Sauce
- 2 australische Brötchen für Hamburger
- Salz
- Öl zum braten

Vorbereitung
1. Die Zwiebel in dicke Ringe schneiden, etwa einen Finger dick. Geben Sie das Sprudelwasser in eine Schüssel und gießen Sie nach und nach das Weizenmehl hinzu und mischen Sie es gut mit einem Fouet, bis eine homogene Mischung entsteht. Das Paprikapulver ebenfalls untermischen und nach Belieben etwas salzen. In einer Pfanne viel Öl erhitzen. Die Zwiebelringe mit einer Gabel durch den Teig streichen. Überschüssigen Teig von den Ringen abtropfen lassen und in Öl frittieren. Auf saugfähigem Papier beiseite legen.
2. Aus dem Hacksteak die Hamburger mit Hilfe einer Form zubereiten. Wenn Sie keine Form haben, teilen Sie die Fleischportion in 2

Teile, formen Sie 2 Kugeln und zerdrücken Sie sie nacheinander mit einem Teller, bis sie etwa anderthalb Finger hoch sind. Auf einer heißen Platte Öl bestreichen und den Hamburger platzieren. Etwa drei Minuten einwirken lassen und umdrehen. Mit Salz. Etwa 2 bis 3 Minuten einwirken lassen und erneut wenden. Die andere Seite ebenfalls mit Salz würzen. Die Käsescheiben einlegen und abdecken. Lassen Sie es etwa eine Minute lang schmelzen. Den Hamburger herausnehmen und das halbierte Brot schnell auf den Grill geben.

3. Zusammenbau: Die Barbecue-Sauce auf dem Brot verteilen, den Hamburger mit dem geschmolzenen Cheddar und zwei bis drei Zwiebelringen ineinander stecken. Mit der anderen Hälfte des Brotes bedecken und danach servieren.

79. Hausgemachtes Hühnchen-Burger-Rezept

Zutaten
- 10 Mini-Vollkorn-Hamburgerbrötchen
- Mimosensalatblätter
- Mozzarella-Käse-Scheiben oder Gericht
- 1 kleine Karotte in großen Stücken
- 1/2 Hähnchenbrust ohne Knochen, in große Stücke geschnitten
- 1 kleine Zwiebel in Stücken
- 1 Knoblauchzehe
- 1 Teelöffel Majoran oder getrockneter Oregano
- Salz nach Geschmack
- 1/2 Tasse Vollkorn- oder Weißmehl

Vorbereitung
1. In einer Küchenmaschine Möhren, Zwiebel und Knoblauch zerdrücken. Reservieren. Noch in der Küchenmaschine das Hühnchen mahlen, bis es zu einer Masse wird.
2. In einen großen Behälter die Mischung aus Hühnchen, Karotten, Zwiebeln und Knoblauch, Salz und Kräutern geben. Gut mischen.
3. Fügen Sie nach und nach das Mehl hinzu, einen Löffel nach dem anderen, und mischen Sie ständig. Fügen Sie weiter Mehl hinzu, bis Sie mit dem Teig Kugeln formen können. Fügen Sie nicht zu viel hinzu, damit Sie keinen starken Mehlgeschmack bekommen.
4. 10 Kugeln formen und dann zu Hamburgern zerstampfen. Lassen Sie es 20 Minuten im Gefrierschrank stehen.
5. Eine mit wenig Öl gefettete Pfanne erhitzen. Beide Seiten goldbraun braten. Wenn es fast fertig ist, den Käse zum Schmelzen darauf geben.
6. Auf Rollen mit Salat servieren.

80. Vegetarischer Burger mit Käferbohnen

Zutaten
- 120 g Couscous
- 1/2 Zwiebel
- 1 Knoblauchzehe
- 150 g Käferbohnen (gekocht)
- 100 g Karotten
- 1 Ei
- 1 Teelöffel Petersilie
- 1 Teelöffel Schnittlauch
- 1 Spritzer Zitronensaft
- Salz
- Pfeffer (frisch gemahlen)
- Olivenöl

Beenden:

- 1 Fleischtomate
- 1 Handvoll Rakete
- 100 g Schafskäse (fest, zB Feta)
- Mayonnaise
- 4 Hamburgerbrötchen

Vorbereitung

1. Couscous mit der gleichen Menge kochendem Wasser bedecken. Abdecken und 10 Minuten einweichen lassen. Nach 5 Minuten mit einer Gabel auflockern.
2. Zwiebel und Knoblauch schälen und fein hacken. 1 EL Olivenöl in einer Pfanne erhitzen und die Zwiebeln goldbraun rösten. Knoblauch dazugeben und kurz anrösten.
3. Die Käferbohnen mit einer Gabel zerdrücken, die Möhren schälen und fein reiben. Petersilie und Schnittlauch fein hacken.
4. Couscous, Röstzwiebeln, zerdrückte Käferbohnen, Karotten und gehackte Kräuter mit dem Ei vermischen. Mit einem Spritzer Zitronensaft, Salz und Pfeffer abschmecken. Lassen Sie die Mischung mindestens 30 Minuten an einem kühlen Ort ruhen.
5. Die Masse mit nassen Händen zu 4 Frikadellen formen und von beiden Seiten mit Öl bestreichen. Auf dem heißen Grill ca.

10 Minuten knusprig grillen, nach 5 Minuten wenden. Alternativ kannst du es auch in der Pfanne grillen.
6. Tomate waschen und in Scheiben schneiden. Salat waschen und trockenschleudern. Schafskäse bei Bedarf trocken tupfen und in Scheiben schneiden.
7. Die Rollen quer aufschneiden und kurz auf dem Grillrost erwärmen. Die Patties auf die Rollen legen. Mit Tomatenscheiben, Rucola und Schafskäse bedecken und mit etwas Mayonnaise abschließen. Legen Sie den Brötchendeckel darauf.

81. Hausgemachter Hamburger

Zutat
- 600g Hackfleisch
- 1 mittelgroße Zwiebel
- 2 Esslöffel fein gehackte Petersilie
- 3 Teelöffel Worcestershiresauce
- 2 Esslöffel Ketchup
- 3 Teelöffel Dijon-Senf
- 1 1/2 Teelöffel Salz
- 1 Esslöffel Pfefferkaffee
- 1 Esslöffel Olivenöl zum Bestreichen des Grills/Bräters

Vorbereitung
1. Petersilie und Zwiebel so klein wie möglich hacken. Sie sollten winzig sein, da Sie sie beim Essen des Hamburgers viel spüren werden. Mit dem Hackfleisch vermischen, Ketchup, Worcestershire-Sauce, Senf, Salz und Pfeffer dazugeben und nochmals mischen. Wenn alles gut vermischt ist, ist es Zeit zum Aufwärmen!

auf dem Teller machen

2. Eine Platte bei hoher/mittlerer Hitze erhitzen. Aus dem gewürzten Fleisch Kugeln formen oder in die Form des Hamburgers formen. Den Teller mit Olivenöl bestreichen

und die Hamburger dazugeben. Wenn Sie die Kugeln gemacht haben, drücken Sie sie mit einem Spatel flach, sodass sie eine Hamburgerform haben.
3. 3- Wenn es braun wird, drehen Sie die Seite um, warten Sie, bis es wieder braun wird und es ist fertig!

im Ofen machen
1. Den Backofen auf die höchste Temperatur vorheizen.
2. Die Pfanne mit Öl bestreichen, das Fleisch zu einem Hamburger formen (oder Kugeln formen und mit einem Spatel flach drücken) und auf die Pfanne legen.
3. In den vorgeheizten Backofen schieben und von unten bräunen lassen (bei uns ca. 5 Minuten). Drehen Sie die Seite so, dass sie auf der anderen Seite braun wird und fertig!

82. Kürbisburger

Zutat

- ½ Butterkürbis, in Halbmonde geschnitten
- ¼ Tasse roher Quinoa
- 1 gehackte Zwiebel
- 3 oder 4 Knoblauchzehen
- 1 Tasse gehackte Walnüsse
- 1 Prise Cayennepfeffer
- Salz und frisch gemahlener schwarzer Pfeffer, qb
- 1 Tasse Semmelbrösel (optional)

Vorbereitung

1. Zum Aufheizen den Backofen auf 180°C einschalten. Den Kürbis auf ein niedriges,

breites Backblech legen, mit Salz, schwarzem Pfeffer und etwas Öl würzen. Wickeln Sie den Knoblauch in ein Stück Pergamentpapier und legen Sie ihn auf den Kürbis. Backen, bis beides gekocht/zart ist. Danach Kürbis und Knoblauch schälen und alles mit einer Gabel zerdrücken.

2. Separat die Zwiebel und einen Schuss Öl anbraten. Kochen, bis sie durchscheinend sind (ohne zu verbrennen). Reservieren.

3. In der Zwischenzeit Quinoa nach Packungsanweisung kochen. Alle Zubereitungen (außer Quinoa) in eine Küchenmaschine geben und glatt hacken. Ich lasse gerne noch ein paar Teile zusammen. Wickeln Sie die Quinoa ein und wenn Sie der Meinung sind, dass es notwendig ist, mehr Legierung zu bilden, fügen Sie auch die Semmelbrösel (oder Semmelbrösel) hinzu.

4. Wenn Sie es mögen, fügen Sie eine Prise Cayennepfeffer hinzu und korrigieren Sie die restlichen Gewürze. Nachdem diese Paste abgekühlt ist, formen Sie 10 bis 12 Hamburger, legen Sie sie auf eine Platte und kühlen Sie sie, damit sie ihre Form behalten, bevor Sie sie kochen.

5. Sie können sie in einer antihaftbeschichteten Pfanne zubereiten (seien Sie bei der Handhabung sehr vorsichtig) oder wie ich im Ofen bei 180 ° C backen (ich fand es einfacher). Mit diesen wunderbaren Brötchen servieren. Die restliche Füllung ist frei wählbar, ein bisschen Salat oder Rucola geht aber immer.

83. Bohnenburger

Zutaten:
- 3 Tassen. Bohnen gekocht und abgetropft (ich habe schwarze Bohnen verwendet)
- 1 Tasse. gehackte Zwiebel
- 1/2 Tasse. von Reismehl
- Pflanzenöl Schwarz
- Pfeffer nach Geschmack
- Salz nach Geschmack

Vorbereitung
1. Die Bohnen in eine Schüssel geben und mit einer Gabel zerdrücken. Sie müssen nicht alle Bohnen zerdrücken, Sie können einige ganze

übrig lassen, um dem Hamburger Textur zu verleihen.

2. In einer Pfanne etwas Pflanzenöl erhitzen, ich habe etwa 2 EL verwendet. Fügen Sie Zwiebel hinzu und kochen Sie, bis sie golden ist;
3. 3- Fügen Sie die zerdrückten Bohnen hinzu und mischen Sie sie mit der Zwiebel. Mit Salz und Pfeffer abschmecken. Wenn die Mischung zu weich ist, mit viel Wasser etwas länger kochen lassen. Rühren Sie ohne Unterbrechung, bis die Mischung anfängt, einzudicken;
4. Schalten Sie die Heizung aus und warten Sie, bis sie warm ist. Denken Sie daran, dass die Mischung nach dem Abkühlen dichter wird. Machen Sie sich keine Sorgen, wenn es noch weich und klebrig ist;
5. Fügen Sie das Reismehl hinzu und mischen Sie;
6. Fetten Sie Ihre Hände mit etwas Pflanzenöl ein und formen Sie die Hamburger in der gewünschten Größe;
7. Ein Stück Pflanzenöl erhitzen und den Hamburger von beiden Seiten goldbraun und knusprig braten. Frittieren Sie nur das, was

Sie sofort verzehren werden. Stellen Sie Ihren Snack so zusammen, wie Sie es bevorzugen.

84. Burgerbrötchen mit Hanfmehl

Zutaten
- 1 Päckchen Trockenhefe
- 200 ml Milch
- 1 Prise Zucker
- 170 g Weizenmehl (glatt)
- 40 g Hanfmehl
- Etwas Muskatnuss
- 1 Teelöffel Currypulver
- 1/2 Teelöffel Salz
- 1 Ei
- 3 EL Olivenöl

Vorbereitung
1. Trockenkeime mit Milch, Zucker und etwas Weizenmehl mischen und an einem warmen Ort, abgedeckt mit einem feuchten Tuch, ca. 15 Minuten gehen lassen.
2. Anschließend mit dem restlichen Mehl, Hanfmehl, Muskatnuss, Currypulver, Salz, Öl und dem Eigelb (Eiweiß zum Bestreichen zur

Seite legen) zu einem glatten Teig verkneten. Mindest. 30 Minuten gehen lassen.

3. Den Teig noch einmal gut durchkneten, zu einer Rolle formen und in 6 gleiche Teile schneiden. Jedes Teil locker zwischen den hohlen Händen drehen, bis der Teig eine glatte Oberfläche hat.
4. Auf ein mit Backpapier ausgelegtes Backblech legen (nicht zu eng beieinander) und nochmals ca. 15 Minuten. Mit Eiweiß bestreichen und im vorgeheizten Backofen bei 220 °C ca. 15 Minuten backen.

85. Thunfisch-Burger

Zutaten

- 600 g Thunfisch (frisch, Sashimi-Qualität)
- 1 Bund Petersilie
- 1 Bund Basilikum
- 1 Bund Minze
- 4 Stängel(e) Frühlingszwiebeln
- 1 Prise Koriander (gemahlen)
- 1 Zitrone (Saft und Zitronenschale)
- 1 Chili (fein gehackt)
- 2 EL Olivenöl
- Salz
- Pfeffer (frisch gemahlen)
- Salatblätter
- 4 Ciabatta-Röllchen (oder Burger-Röllchen)

- 1 Stück Zitrone (in Scheiben geschnitten)
- Ketchup

Vorbereitung

1. Für den Thunfisch-Burger Thunfisch, Kräuter, Frühlingszwiebeln, Koriander und Zitronenschale mit Chili in einer Schüssel vermischen. Alternativ, wenn Sie eine hausgemachtere Version wünschen, alle Zutaten fein hacken und gut miteinander vermischen.
2. Die Mischung auf eine saubere Arbeitsfläche geben und in 4 Stücke schneiden. Den Thunfisch hacken und in Burger-Patties teilen (TIPP: mit nassen Händen klebt der Fisch nicht so fest), zuerst eine runde Form formen und dann mit der Hand zusammendrücken.
3. Die fertigen Thunfisch-Patties mit Frischhaltefolie oder ähnlichem eine halbe Stunde ruhen lassen. Die Pfanne oder am besten den Grill vorheizen. Die Patties von beiden Seiten mit Öl bestreichen und mit Salz und Pfeffer bestreuen.
4. Jedes Brot ca. 2 Minuten auf beiden Seiten oder auf einer beliebigen Kochstufe.

5. Die Burgerbrötchen auf einer Grillplatte / oder einer Pfanne mit Rippchen leicht anbraten und dann jeden Burger mit den Thunfisch-Patties belegen. Mit Ketchup, marinierten Salatblättern und nach Belieben einer Tomatenscheibe garnieren.

86. Speckburger

Zutaten
- 500 g Hackfleisch (gemischt)
- 6 Brötchen (gekauft oder selbstgemacht)
- 120 Gramm Speck
- 1 Stück Zwiebel
- 1 Tomate
- 6 Scheibe(n) Gouda
- 6 Salatblätter
- Ketchup
- Salz
- Mayonnaise
- Pfeffer

Vorbereitung
1. Für den Speckburger das Fleisch mit Salz und Pfeffer würzen, dünne Scheiben formen und in etwas Öl anbraten.
2. Den Speck knusprig braten. Schneiden Sie die Brötchen auseinander. Erst mit Ketchup bestreichen, dann das Fleisch darauf legen und dann mit Tomaten, Zwiebeln, Salat und Speck belegen.
3. Mit Mayonnaise garnieren.

87. Shimeji-Burger

Zutat
- Shimeji – 400g (2 Schalen)
- Semmelbrösel – 1/2 Tasse (40g)
- Schnittlauch – 1/2 Tasse (35g)
- Vollkornmehl – 1/4 Tasse (35g)
- Pflanzenöl – 1 Esslöffel (15 ml)
- Shoyu – 1 Esslöffel (15 ml)
- Knoblauch – 4 Nelken (20 g)
- Salz – 1 Teelöffel (5 g) Schwarz
- Pfeffer nach Geschmack (optional)

Vorbereitung
1. In einem großen Topf das Öl erhitzen und den geschälten und gehackten Knoblauch hinzufügen. Braten, bis sie leicht gebräunt sind.
2. Shimeji mit den Händen vom Bündel trennen und schnell unter fließendem Wasser waschen, um nicht zu viel Wasser aufzunehmen. Mit einem sauberen Geschirrtuch abtrocknen, um überschüssige Flüssigkeit zu entfernen.
3. Übertragen Sie die Pilze in die Pfanne und fügen Sie Salz, Sojasauce und schwarzen Pfeffer hinzu (optional). Gut mischen und kochen. Damit der Hamburger die perfekte Textur und Konsistenz hat, müssen Sie den Shimeji kochen, bis das meiste Wasser verdampft ist.
4. Gib den Eintopf in ein Sieb und lasse das überschüssige Wasser abtropfen, bis es warm wird.
5. In einer Küchenmaschine Shimeji, Schnittlauch, Semmelbrösel und Allzweckmehl hinzufügen. Alles glatt mahlen. Die Zutaten nicht zu lange mischen, die Mischung rustikaler und grober gestalten,

um dem Hamburger eine Struktur zu geben. Der Teig muss feucht sein und sich formen lassen, ohne leicht auseinanderzufallen.

6. Den Teig in vier gleiche Teile teilen und die Hamburger formen.
7. In einer beschichteten Pfanne etwas Öl erhitzen und beide Seiten des Hamburgers goldbraun braten.
8. Stellen Sie sich Ihren Snack nach Belieben zusammen und servieren Sie ihn noch heiß.

88. Kokos-Burger mit Banane

Zutaten
- 2 Scheibe(n) Toastbrot
- 1 Zwiebel
- 1 Knoblauchzehe
- 2 Eier (M)
- 1/4 Teelöffel Cayennepfeffer
- 1/4 Teelöffel Nelken (gemahlen)
- 1/4 Teelöffel Kreuzkümmel (gemahlen)
- 500 g Hackfleisch (gemischt)
- Salz
- Pfeffer
- 175 g Kirschtomaten
- 2 Bananen (fest, noch etwas grün)

- 6 EL Kokosraspeln
- 4 Pita-Rollen (zum Füllen)
- 4 Holzspieße (lang)
- Öl (zum Bürsten)

Vorbereitung

1. Für den Kokos-Burger mit Banane zuerst das Toastbrot kurz in Wasser einweichen, dann fest ausdrücken. Zwiebel und Knoblauch schälen, fein hacken und mit Eiern, Gewürzen und Hackfleisch in eine Schüssel geben. Alles kräftig durchkneten, mit Salz und Pfeffer würzen. Aus dem Hackfleisch 4 große, flache Frikadellen formen, mit Alufolie abdecken und in den Kühlschrank stellen. Gießen Sie die Holzspieße.

2. Heizen Sie den Grill auf. Cherrytomaten waschen, Bananen schälen und in 3 cm dicke Scheiben schneiden. Holzspieße und abwechselnd Tomaten- und Bananenscheiben trocknen und ölen. Die Kokosraspeln auf einem Teller verteilen.

3. Grillgut heiß werden lassen, gut einölen. Hacksteaks in Kokosraspeln wenden, auf den Rost legen und bei mittlerer Hitze von jeder Seite 4-5 Minuten grillen, dabei ab und zu mit Öl bestreichen. Bananen-TomatenSpieße

am Grillrand grillen, mit Öl bestreichen und mit Salz und Pfeffer würzen. Die Pita-Rollen ebenfalls kurz auf dem Grill anrösten.

4. Die Pita-Rollen mit den Kokos-Patties füllen, mit den Tomaten-Bananen-Spießen auf einen Teller legen und den Kokos-Burger mit Banane servieren.

89. Hamburger in Falafel

Zutaten

Krautsalat Salat:

- 1/2 Tasse Weißkohl
- 1/2 Tasse. Von Rotkohl
- 1/4 Tasse. Von Karotte
- 1 Esslöffel. (Suppe) Mayonnaise
- Saft von 1 Zitrone
- 2 EL. (Suppe) Zucker
- 1 Esslöffel. (Suppe) Sriracha-Pfeffersauce
- Salz nach Geschmack *Burger:*
- 150 g Kichererbsen (gekocht)
- ½ Zwiebel (gerieben)
- 1 Knoblauchzehe (gehackt)

- 2 TL. (Suppe) Olivenöl
- Saft von 1 Zitrone
- 1 1/2 EL. (Suppe) aus Weizenmehl
- 1 Esslöffel. (Tee) Koriander
- 1 Teelöffel. (Suppe) von Kreuzkümmel
- 1 Esslöffel. (Kaffee) von pimenta syrien
- Salz nach Geschmack *Begleitungen:*
- Quark
- Briochebrot

Vorbereitung

1. Die Kichererbsen mit etwas Öl und Zitronensaft zu einer Paste zermahlen. In eine Schüssel umfüllen und alle anderen Zutaten vermischen. Kugeln formen, etwas Öl auftragen, etwas Mehl hinzufügen (damit es nicht klebt) und mit etwas Öl bei starker Hitze goldbraun braten.
2. Buttern Sie beide Teile des Brotes und legen Sie es auf die Grillplatte, damit es warm und schmackhafter wird. Dann einfach genug Quark auf beide Seiten des Brotes, des Hamburgers und des Krautsalatsalats geben.

90. Glutenfreier Reis- und Karottenburger

Zutaten
- 2 Tassen gekochter Reis oder Restrisotto
- 1 Tasse fein geriebene Karotten (kann verarbeitet werden)
- 1 kleine Zwiebel (ich habe lila verwendet, weil ich das hatte)
- 1/4 Tasse gehackte Petersilie
- 2 Esslöffel Nährhefe (optional) ☐ 1 Esslöffel Sojasauce (optional)
- 1 Esslöffel dehydrierte Petersilie oder Oregano
- 1/4 Tasse Kichererbsen oder anderes glutenfreies Mehl

- Pflanzenöl zum Einfetten des Backblechs
- Salz und Pfeffer nach deinem Geschmack

Vorbereitung

1. In einer Schüssel die Zutaten vermischen und zum Schluss das Mehl dazugeben. Sie können jede Art von glutenfreiem Mehl verwenden. Ich habe Kichererbsen verwendet, weil es das war, was ich zu Hause hatte. Wenn Sie möchten, können Sie Vollkorn- oder Weißmehl in der gleichen Menge verwenden, die im Rezept angegeben ist. Der ideale Punkt zum Formen von Hamburgern ist, wenn sie nicht mehr an der Hand kleben. Gegebenenfalls noch etwas Mehl hinzufügen, um leichter modellieren zu können.

2. Bällchen in der gewünschten Größe formen und die Hamburger von Hand formen. Auf ein geöltes Backblech legen.

3. Im vorgeheizten Backofen bei 180 °C etwa 30 Minuten goldbraun backen. Nach der Hälfte des Vorgangs die Hamburger mit einem Spatel wenden, sodass sie auf beiden Seiten gleichmäßig geröstet sind.

4. Okay, und servieren Sie diese Delikatesse einfach nach Belieben. Ich habe es mit einem

Salatteller serviert. Wenn Sie Ihren Hamburger mit Brot, Salat, Tomaten- und roten Zwiebelscheiben, Gurken, Avocado, Mayonnaise, Ketchup zusammenstellen möchten ... Es ist einfach wunderbar.

91. Karotten-Sesam-Burger mit Avocado

Zutaten
- 400 g Karotten (4 Karotten)
- 1 Ei
- 30 g Semmelbrösel (3 EL)
- 10 g Tahini (1 Teelöffel)
- Salz
- Pfeffer
- 1 Prise gemahlener Kreuzkümmel
- 1 Prise gemahlener Koriander
- 4 helle Brötchen
- 30 g Salatcreme (2 EL)
- 40 g Sauerrahm (2 EL)
- 2 EL Zitronensaft
- 1 reife Avocado

- 2 EL Pflanzenöl
- 1 rote Zwiebel
- 40 g Rucola (Bündel)
- 80 g Mango-Chutney (4 EL)

Vorbereitungsschritte

1. Die Karotten schälen und grob reiben. Mit Ei, Semmelbrösel und Tahinipaste zu einem formbaren Teig verkneten und mit Salz, Pfeffer, Kreuzkümmel und Koriander würzen.
2. Die Rollen waagerecht halbieren und auf dem Rost unter dem vorgeheizten Backofengrill mit der Schnittfläche nach oben goldbraun braten. Herausnehmen und beiseite stellen.
3. Salatcreme mit Sauerrahm mischen und mit Salz, Pfeffer und einem Spritzer Zitronensaft würzen.
4. Avocado halbieren, entkernen und schälen, das Fruchtfleisch in Spalten schneiden und mit dem restlichen Zitronensaft vermischen.
5. Den Teig zu 4 Frikadellen formen. Öl in einer Pfanne erhitzen. Die Frikadellen darin bei mittlerer Hitze von beiden Seiten ca. 6 Minuten goldbraun braten.
6. Die Zwiebel schälen und in feine Ringe schneiden. Rucola waschen und trocken schleudern.

7. Die Salatcreme-Mischung auf den unteren Rollenhälften verteilen und mit Avocadospalten belegen. Je 1 KarottenFrikadelle darauf legen, mit Zwiebelringen belegen und mit Chutney beträufeln. Mit Rucola bedecken und die Brötchen darauf legen.

92. Haferflocken-Burger mit Roter Bete und Walnüssen

Zutat

- 120 g feine Haferflocken
- 80 g grobe Haferflocken
- 4 EL Leinsamen zerkleinert
- 2 Rote Bete (vakuumverpackt)
- 360 ml Rote-Bete-Saft
- 2 rote Zwiebeln
- 2 Knoblauchzehen
- 3 EL Rapsöl
- 2 TL Senfkörner
- 2 TL Koriandersamen

- 4 TL süßes Paprikapulver
- 200 ml Gemüsebrühe
- 6 EL Sojasauce
- 2 Handvoll Rucola
- 2 EL vegane Margarine
- 3 TL Dinkelmehl Typ 1050
- 5 EL Hefeflocken
- 1 TL Senf
- Salz
- Weißer Pfeffer
- 1 Prise Kurkuma
- 4 Burgerbrötchen
- 2 TL Ahornsirup
- 20 g Walnusskernhälften

Vorbereitungsschritte

1. Haferflocken und Leinsamen in einer Schüssel mischen. Die Rote Bete abgießen und den Saft auffangen, mit dem Rote-BeteSaft auf insgesamt 360 ml auffüllen. Zwiebel und Knoblauch schälen, 1 Zwiebel zusammen mit dem Knoblauch sehr fein würfeln, die andere Zwiebel in Ringe schneiden und beiseite stellen.
2. Zwiebel- und Knoblauchwürfel in einer Pfanne mit 1 EL Öl anbraten, Kerne im Mörser zerstoßen und mit Paprika über die Zwiebel

streuen. Kurz anbraten, dann mit Gemüsebrühe, Rote-Bete-Saft und Sojasauce ablöschen, kurz köcheln lassen, über die Haferflocken gießen und 10 Minuten ziehen lassen.

3. In der Zwischenzeit die Rote Bete in dünne Scheiben schneiden. Rucola putzen, waschen und trocken schütteln.

4. Margarine in einem Topf schmelzen, Mehl mit einem Schneebesen einrühren, mit 120 ml Wasser ablöschen. Hefeflocken mit Senf, Salz, Pfeffer und Kurkuma einrühren und aufkochen. Köcheln lassen, bis eine dicke Creme entsteht.

5. Aus der Haferflocken-Mischung 4 Patties formen und in einer beschichteten Pfanne mit dem restlichen Öl ca. 4 Minuten bei mittlerer Hitze backen, wenden und fertig backen.

6. Währenddessen die Burgerbrötchen toasten, mit der Hälfte der Hefeschmelze bestreichen, mit Rote Bete, Zwiebelringen und Rucola belegen, etwas Ahornsirup über den Salat träufeln, dann die HaferflockenPatties darauflegen, mit der

restlichen Hefeschmelze und Walnüssen bestreuen und den Burgerdeckel aufsetzen.

93. Puten-Gurken-Burger

Zutaten
- 600 g Putenschnitzel
- 12 Salatblätter
- 1 Gurke
- 6 EL Mayonnaise
- 6 Baguette-Rollen (oder 1 großes Baguette)
- Salz
- Pfeffer

- Butter (zum Braten)

Vorbereitung

1. Für den Puten-Gurken-Burger die Salatblätter waschen und trocken tupfen. Die Gurke waschen und in Scheiben schneiden. Das Putenschnitzel mit Salz und Pfeffer würzen. Butter in einer Pfanne erhitzen und das Schnitzel von beiden Seiten 4-5 Minuten braten.
2. Aus der Pfanne nehmen und in Streifen schneiden. Die Baguette-Röllchen längs aufschneiden und die unteren Brothälften mit Mayonnaise bestreichen. Die Salatblätter und Gurkenscheiben darauf legen, die Putenstreifen darauf verteilen und das Baguette wieder verschließen.

94. Hamburger Klassiker

Zutaten

- 600 g Hackfleisch
- 2 Knoblauchzehen
- Salz
- Pfeffer
- 1 Esslöffel Worcestershiresauce
- 1 Zwiebel
- 2 Tomaten
- 4 Cheddarkäsescheiben (nach Wahl)
- 4 Hamburgerbrötchen
- 4 Teelöffel Tomatenketchup
- Salatblätter
- 4 Teelöffel Senf

Vorbereitung

1. Den gehackten, zerdrückten Pfeffer, Salz, Knoblauch und die Worcestershire-Sauce verkneten. Gut würzen und daraus 4 Burger formen. Zwiebel schälen und in Ringe schneiden. Tomaten waschen, in Scheiben schneiden. Den Burger etwa 15 Minuten grillen. Käse darüber gießen und etwa 2 Minuten grillen. Brötchen halbieren, mit der Schnittfläche nach unten 1-2 Minuten grillen. Den Boden mit Tomatenketchup bestreichen. Mit Tomaten, Zwiebeln, Salat, Burger und Senf belegen. Rolltops darauf legen.

95. Mediterraner Snack-Burger

Zutaten

- 1 Stück. Brötchen (oder Ciabatta)
- 1 EL Rucolapesto
- 100 g Feta
- 2 EL Ajvar
- 1 Handvoll Rakete
- Salz
- Pfeffer
- Olivenöl

Vorbereitung

1. Für den Snack-Burger das Brötchen aufschneiden und den Boden mit RucolaPesto bestreichen. Mit dem Feta belegen und mit Salz und Pfeffer würzen. Mit einigen Tropfen Olivenöl beträufeln.
2. Ajvar darauf verteilen und mit frischem Rucola belegen. Mit der Oberseite des Brötchens bedecken.

96. Hähnchenburger mit Knoblauchmayonnaise

Zutaten

Für den Chickenburger:
- 4 Hähnchenbrustfilets
- 125 ml Limettensaft
- 1 EL Chilisauce (süß)
- 4 Scheibe(n) Speck
- 4 Burgerbrötchen
- 4 Salatblätter (grün)
- 4 Cocktailtomaten
- 1/2 Paprika

Für die Knoblauchmayonnaise:
- 2 Eigelb
- 2 Knoblauchzehen (zerdrückt)
- 1 EL Dijon-Senf

- 1 EL Limettensaft
- 125 ml Olivenöl

Vorbereitung

1. Für den Chicken Burger Limettensaft und Chilisauce mit Knoblauchmayonnaise mischen und über das Hähnchen gießen. In eine Schüssel geben, abdecken und mehrere Stunden ziehen lassen. Paprika in Streifen schneiden und Eigelb, Knoblauch, Senf und Limettensaft in der Küchenmaschine für die Mayonnaise verrühren.

2. Lassen Sie das Öl bei laufender Maschine in einem dünnen Strahl einfließen. Zu cremiger Mayonnaise verrühren und kühl stellen. Speckscheiben quer halbieren, Hähnchen und Speck in einer heißen Pfanne 5 Minuten anbraten.

3. Den Speck aus der Pfanne nehmen und das Fleisch 5 bis 10 Minuten braten, dabei gelegentlich wenden. Bedecken Sie die in Scheiben geschnittenenBurgerbrötchen mit Salat, Tomaten, Hühnchen, Speck und Paprikastreifen.

4. Zum Schluss noch etwas

Knoblauchmayonnaise darüberstreuen und mit der oberen Brötchenhälfte bedecken. Servieren Sie den Chicken Burger mit Knoblauchmayonnaise.

97. Steakburger Deluxe

Zutaten
- 1 Porterhouse-Steak (ca. 1 kg)
- Meersalz, grob
- Hamburgerbrötchen
- 4 EL Mayonnaise
- frischer Rosmarin
- Eingelegte Radieschen

Für die Balsamico-Zwiebeln:
- 2 Zwiebeln
- 2 EL Öl
- 5 EL Balsamico-Essig
- 1 EL Zucker, braun
- 1 TL Paprikapulver
- Salz Pfeffer

Vorbereitung

5. Das Steak wird 30 Minuten vor dem Grillen beidseitig mit Salz bestreut. Eine RosmarinMayonnaise mit der Mayonnaise, dem frischen Rosmarin (1 Teelöffel gehackt) und einer Prise Pfeffer mischen. *Grillen*
6. Der Grill ist für direktes und indirektes Grillen vorbereitet. Das Steak wird zunächst beidseitig je 3 Minuten bei starker, direkter Hitze gegrillt. Sobald wir dem Fleisch eine schöne Kruste gegeben haben, wandert es auf die indirekte Seite, wo wir es auf den gewünschten Gargrad ziehen.
7. In der Zwischenzeit werden die BalsamicoZwiebeln zubereitet. Das Öl wird in einer Pfanne erhitzt, dann kommen die Zwiebeln hinzu. Die Zwiebeln werden mit Pfeffer, Salz, Paprikapulver und Zucker gewürzt. Sobald die Zwiebeln glasig werden, gießen Sie den Balsamico-Essig in die Pfanne und braten Sie ihn auf kleiner Flamme weiter, bis der Balsamico-Essig von den Zwiebeln aufgenommen wurde.
8. Hat das Fleisch seine Zieltemperatur erreicht – hier waren es im Kern 55 °C – wird es in Scheiben geschnitten und schonend

gepfeffert und gesalzen. Die untere Brötchenhälfte wird mit der RosmarinMayonnaise, dem Fleisch, den BalsamicoZwiebeln und dem in Scheiben geschnittenen Radieschen werden darauf gelegt - fertig!

98. Falafel-Burger

Zutaten

Für die Falafel:
- 125 g Kichererbsen (bereits eingeweicht)
- 1/2 Zwiebel (geröstet)
- 1 Knoblauchzehe(n) (zerdrückt)
- 2 Teelöffel Petersilie (gehackt)
- 1/4 Teelöffel Kreuzkümmel
- 1/4 Teelöffel Koriander
- 1/4 Teelöffel Kardamom
- 1 Prise Pfeffer
- 1 EL Mehl
- 1 EL Sesamsamen

- 1/4 Teelöffel Salz

Zum Abdecken:

- 2 Burgerbrötchen
- 2 Tomaten (klein)
- 4 EL Eisbergsalat (Nudel geschnitten)
- 4 EL Cocktailsauce

Vorbereitung

4. Für den Falafel-Burger die über Nacht mit Zwiebel und Knoblauch eingeweichten Kichererbsen nicht mit einem Mixer zerkleinern, Gewürze, Salz und Mehl unterkneten. 1 Stunde im Kühlschrank ruhen lassen.

5. Mit feuchten Händen 2 Patties formen, in Sesam wälzen und in 180 °C heißem Öl anbraten.

6. Die Brötchen aufschneiden und hellbraun rösten, mit den Scheiben belegen Tomaten, den Eisbergsalat und die Cocktailsauce und die Falafelscheiben darauf legen und mit der zweiten Hälfte der Rolle bedecken.

99. Käse- und Pita-Burger

Zutaten:

- 20 g Sandwich-Hüttenkäse
- 4 Tomaten
- 2 Fladenbrote
- 2 Blätter grüner Salat
- 2 Esslöffel Öl
- 1 rote Zwiebel
- 0,5 Tassen warmes Wasser
- Salz
- Pfeffer

Für Burger:

- 200 g Hackfleisch
- 2 Knoblauchzehen

- 1 Ei
- 1 Teelöffel fein gehackte Minze
- 1 Teelöffel getrockneter Oregano
- 0,5 Teelöffel gemahlener Piment

Vorbereitung:

3. Das Gemüse waschen und das Wasser abgießen. Den Salat auf einen Teller geben. Tomaten in Scheiben schneiden. Zwiebel schälen und in dünne Scheiben schneiden. Das Fladenbrot mit warmem Wasser einweichen, in eine heiße Pfanne ohne Fett geben und von jeder Seite 40 Sekunden braten. Gebratenes zum Salat geben.

4. Burger zubereiten: Hackfleisch in eine Schüssel geben, gehackte Minze, getrockneten Oregano, gemahlenen Piment zugeben, mit einer Prise Salz und Pfeffer abschmecken und ein Ei dazugeben. Das Ganze von Hand durchkneten, dann zu Koteletts formen. Alles in eine Pfanne mit heißem Öl geben und von beiden Seiten goldbraun braten. Das Gebratene vom Herd nehmen und zu den Zutaten geben. Dann den Sandwichkäse und das gehackte Gemüse dazugeben.

100. Halloumi-Burger

Zutaten
- 2 Ciabatt
- 250 g Halloumi
- 1 Avocado
- 1/2 Zitrone
- 2 EL Olivenöl
- 2 Tomaten
- Salz
- Olivenöl (zum Braten)

Vorbereitung

1. Für einen Halloumi-Burger zuerst die Avocado längs aufschneiden, das Kerngehäuse entfernen, das Mark mit einem Löffel herauskratzen und in eine kleine Schüssel geben. Mit 2 EL Olivenöl, dem Saft und der Schale einer halben Zitrone und einer Prise Salz cremig rühren.

2. Ciabatta schräg aufschneiden und beide Hälften mit der Avocadocreme bestreichen.
3. Halloumi in Scheiben schneiden und in etwas Olivenöl in einer beschichteten Pfanne knusprig braten.
4. Den Käse auf den Ciabattahälften verteilen, mit Tomatenscheiben belegen und zusammenklappen.
5. Den Halloumi-Burger warm servieren.

FAZIT

Burger-Rezepte sind mal schnell und klassisch, mal raffiniert und neu kreiert: So gelingen dir leckere Burger ganz einfach zu Hause!

www.ingramcontent.com/pod-product-compliance
Lightning Source LLC
Chambersburg PA
CBHW070659120526
44590CB00013BA/1024